Las Mexicanas

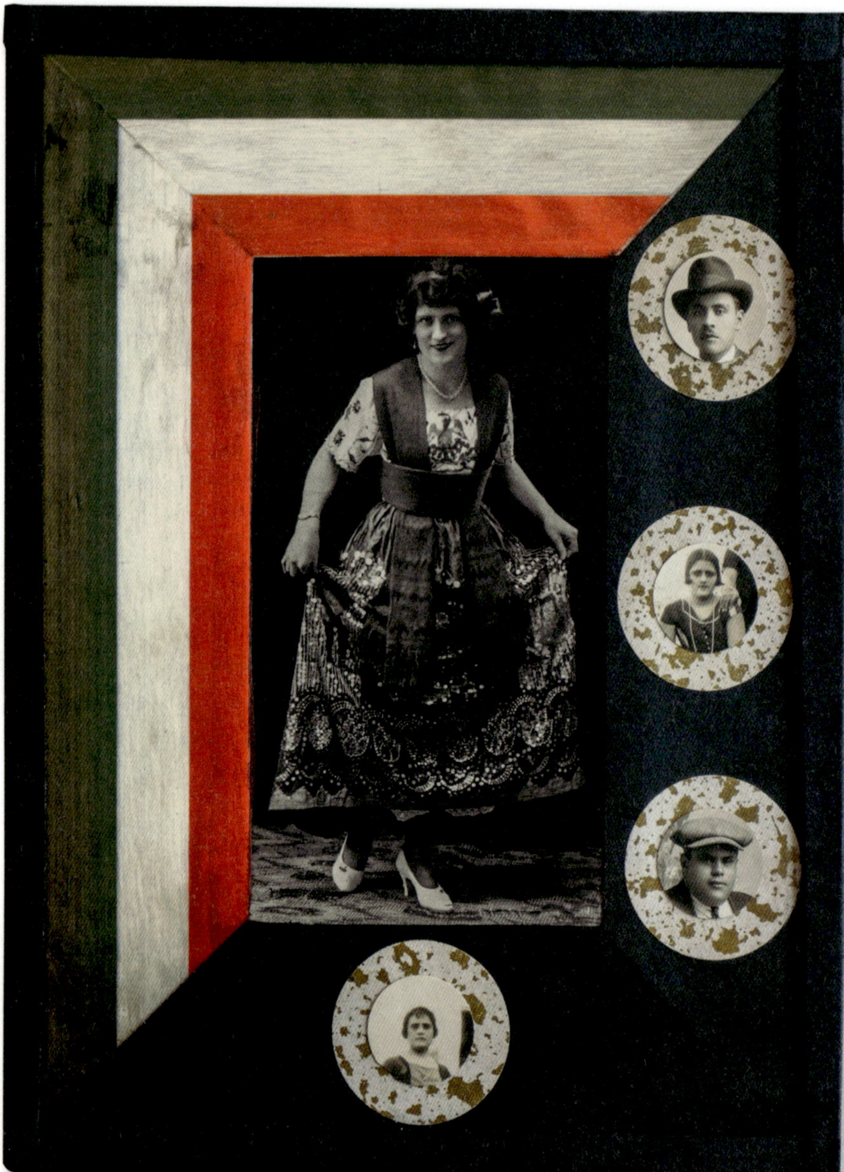

Las Mexicanas

EDITING & LAYOUT / EDICIÓN Y PUESTA EN PÁGINA
Pablo Ortiz Monasterio

TEXT / TEXTO
Brenda Navarro

RM
MÉXICO / BARCELONA
2024

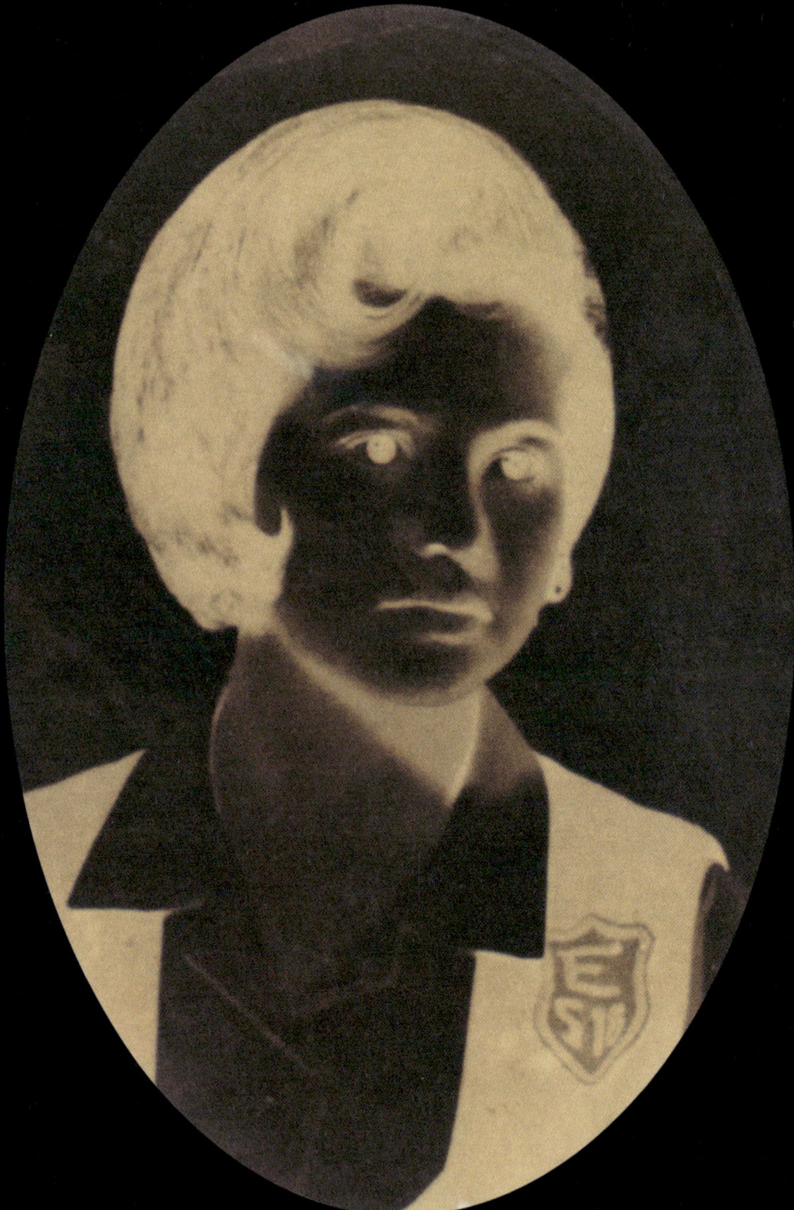

ALL
PHOTOGRAPHS
GIVE WAY
TO FICTION

"And what was Mexico for Mexicans but
an enigma, a vague specter, a monster with no name?"
– Rosario Castellanos, *The Book of Lamentations* (1962)

I

What is Mexico without the women who have been born in this land? What would be of this country without many of them, who have birthed the Manichaean concept of a nation that has been obliged to live beneath the heavens, in which every person seems destined to be a soldier? As Agota Kristof wrote in her novel, *The Notebook* (1987), women are the ones who carry the weight of wars:

> Have we seen nothing? Idiot! We women have all the work and all the worries: children to feed, wounded to tend... You men, once the war is over, are all heroes. The dead: heroes. The survivors: heroes. The maimed: heroes. That's why you invented war. It's your war. You wanted it, so get on with it — heroes, my ass![1]

And war is nothing but the most paradigmatic expression of the human condition, of power struggles for survival, but at the same time of the idea of immortality. Because anyone who leaves descendants above and throughout the people they dominate will be immortal. And in this desire for immortality, Mexico forms itself on its own; it is the very fate of its birth: the eagle devouring the serpent, and the serpent endures in Judeo-Christian myths up to the present day. In the face of death, irony; and behind the irony, women caring for this living monster that is Mexico.

II

There is something obsessive in the impulse to capture a moment in an image, to condense a person through the shutter in order to recreate her before our eyes; something of an insistence on the eternity we have been told is desirable. The printed image of a person is not immortal, but it is eternal; it transcends the time and space in which it was taken, and it shows us that which only time can reveal: the asymmetry between eyes and gaze, between body and presence, between black and white and color. Because, as photographer Lázaro Blanco said, "beyond the motive, the light mattered."[2] And beyond Mexico are the women; before the darkness of the birth of a nation, there is life that illuminates and makes way. And that obsession with persisting, because these women persist, not only emanates from those who photographed them but also from a kind of destiny: an ephemerality that yearns to be eternal in order to help us understand the composition and the sharp gaze, where we come from, and why we persist in the twenty-first century.

III

The French-Algerian artist Kader Attia insists on making Western society understand how wrong it is in wanting to repair and restore things. Why this necessity to cover up the pain, to restore, to erase the scars and eliminate all evidence of what happened? Sometimes, leaving wounds open is what truly repairs the damage. And the wounds don't have to be dramatic or pornographic; it suffices to see the gaze of Mexican women who — even in their finest clothing, posed seriously and serenely, sometimes even haughtily — cannot hide that they were born in Mexico and have suffered from it.

But this pain is not, as they have led us to believe, what hurts and paralyzes us; on the contrary, it is the joy, stability, and squandering that compel us to pause. Who doesn't want to stay where she is happy? Who doesn't want to be in that immortal moment of plenitude? It is thus the pain that moves us, that causes unease, that makes us want to change positions, places, stances. The pain, the open wound, exposed to the world, is what brings us shame and demands self-criticism. This is Mexico: the pus that oozes and does not leave us in peace; that struggles, reeks, and tries to hide itself behind the frightened faces of those who are fighting. If we were all destined to be happy, then what is the reason for all of this that beats within us and courses through our veins?

IV

One of today's feminist sectors has begun to act under the banner of the notion that the women who conform it are the granddaughters of the witches who had once been the targets of burnings. As representatives of several Latin-American movements, we have told them that this is a lie; if we must appeal to the truth, they are the granddaughters of those who burned witches and murdered the indigenous and African women who lived in Mexico. If they are the granddaughters of those in power, who are these Mexican women who have been eternalized through their photographs? Are they the great-grandmothers and the grandmothers of the more than ten women murdered every day? Are they the women who gave their lives to protect the families who, today, go out in search of their disappeared sons and daughters? What future and what destiny do these Mexican women have, and how can we reflect ourselves in them? Are they the women who enslaved indigenous women in order to leave the home and enter public spaces? Is that what we are as Mexican women? I refuse to accept that there is a single version of the truth.

V

Everything is fiction. Even the narratives of the nation-state are creations of humanity. Photographs are fictional: the lighting, framing, context, color, necklaces, clothing. We perform ourselves and act before the gaze of the other. However, we cannot hide what we are; this is why in the twenty-first century we insist on photographing ourselves as many times as necessary, in order to erase ourselves from ourselves. The more we see ourselves in ridiculous and static poses, almost inert, almost immortal, the more we stop recognizing ourselves and become our own mystery. Who are we in reality, and how can Mexicans of the twenty-first century interact with these common women, who don't know that we are looking at them from our nice and modern perspective, in which we believe that we know and can respond to everything? Everything is fiction, and each of the photographed women is a story that once was and is, therefore, on the brink of reinvention. I invite you to fictionalize because imagination is the only thing that we have left in this war called Mexico.

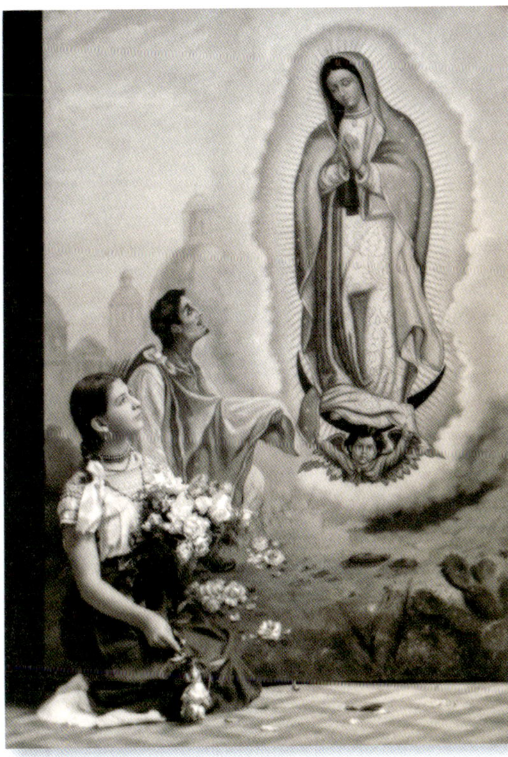

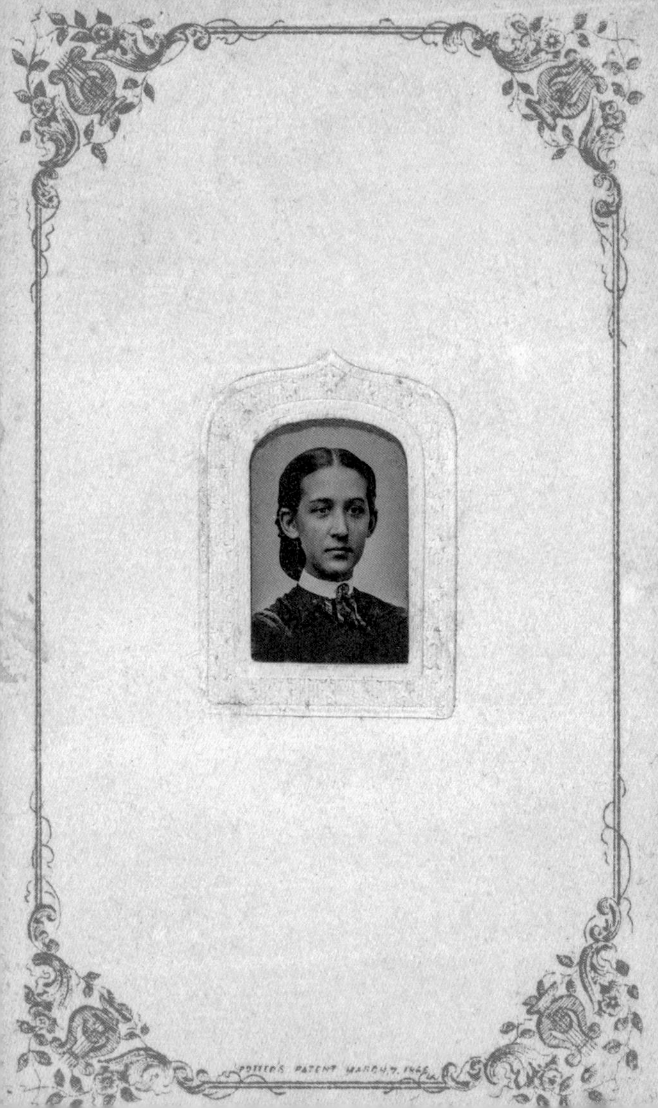
POTTER'S PATENT MARCH 7,

PLATES / FOTOS

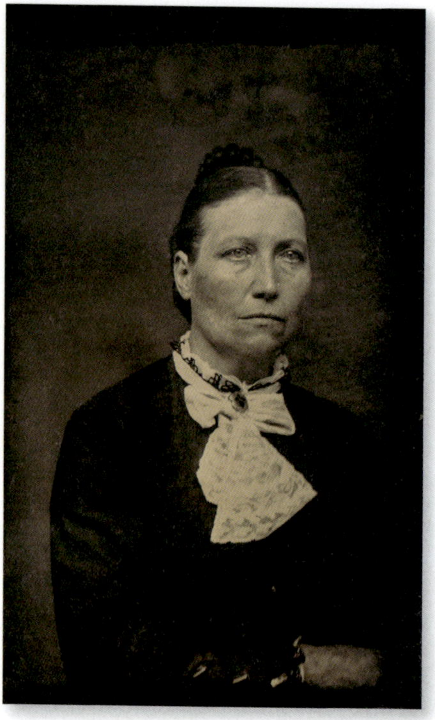

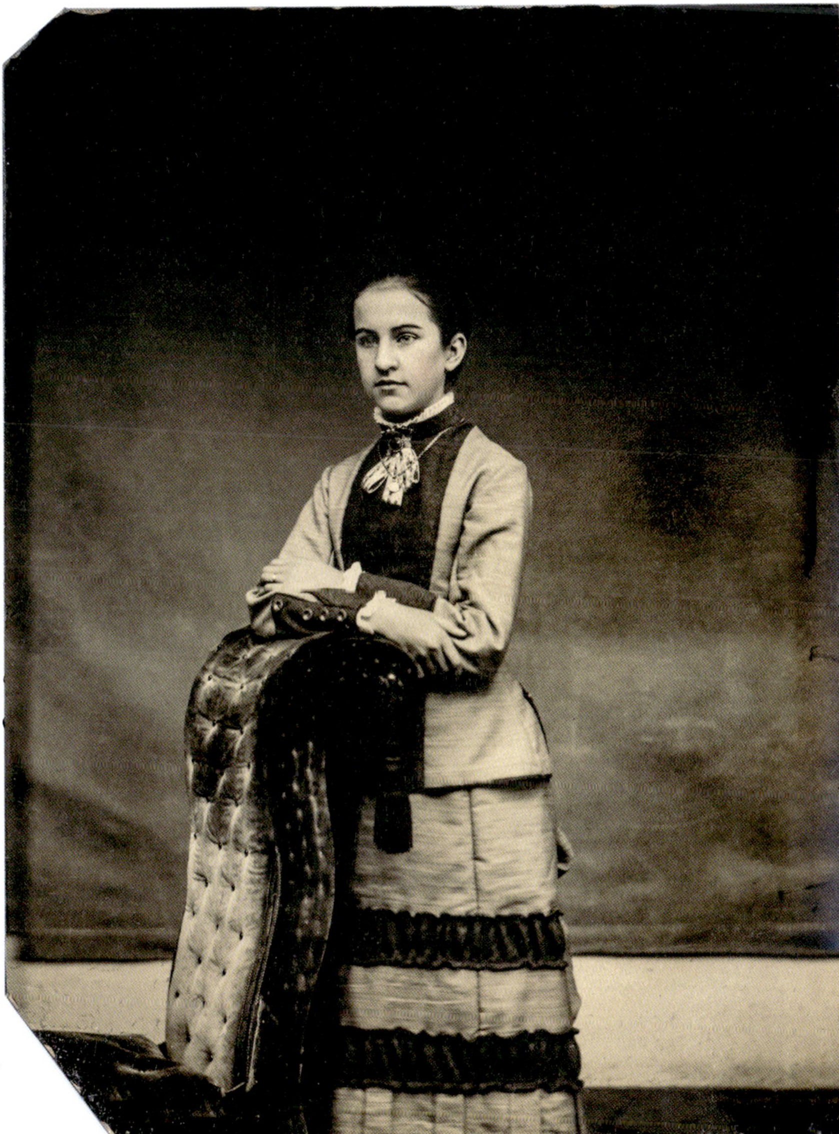

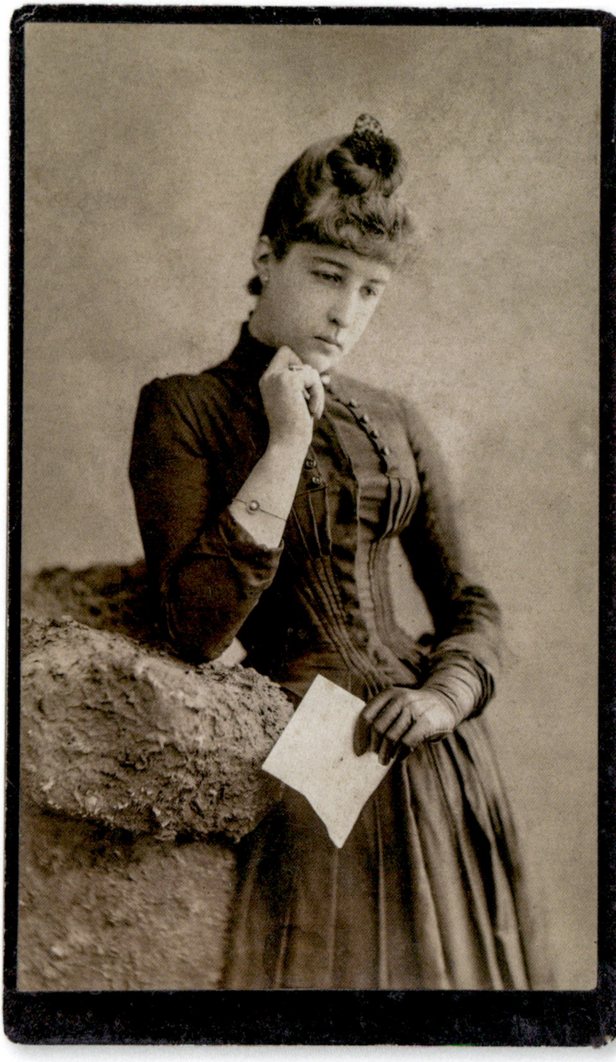

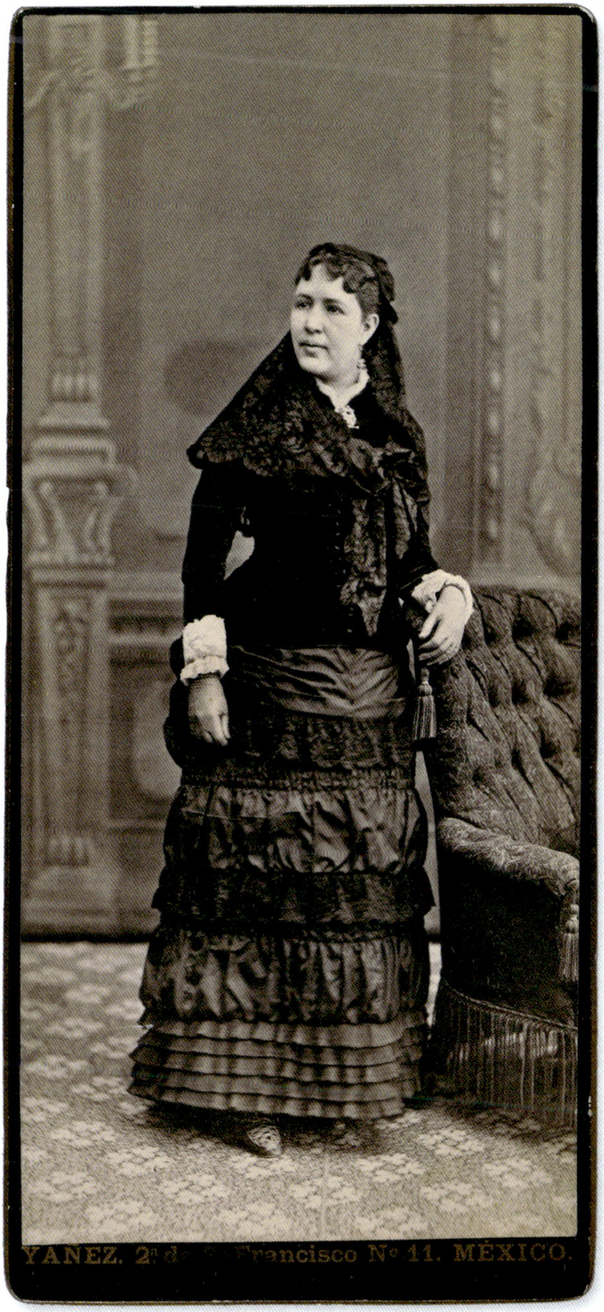
YAÑEZ. 2ª d Francisco Nº 11. MÉXICO.

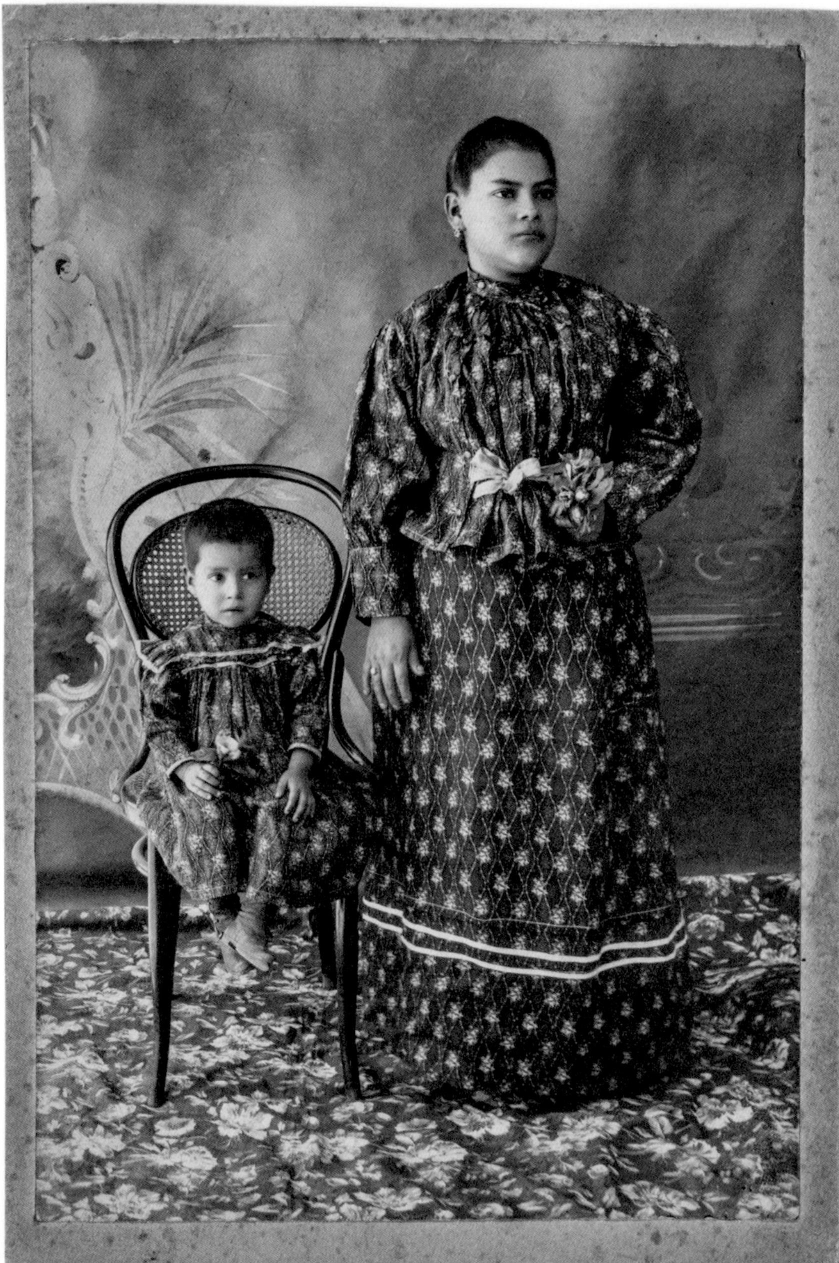

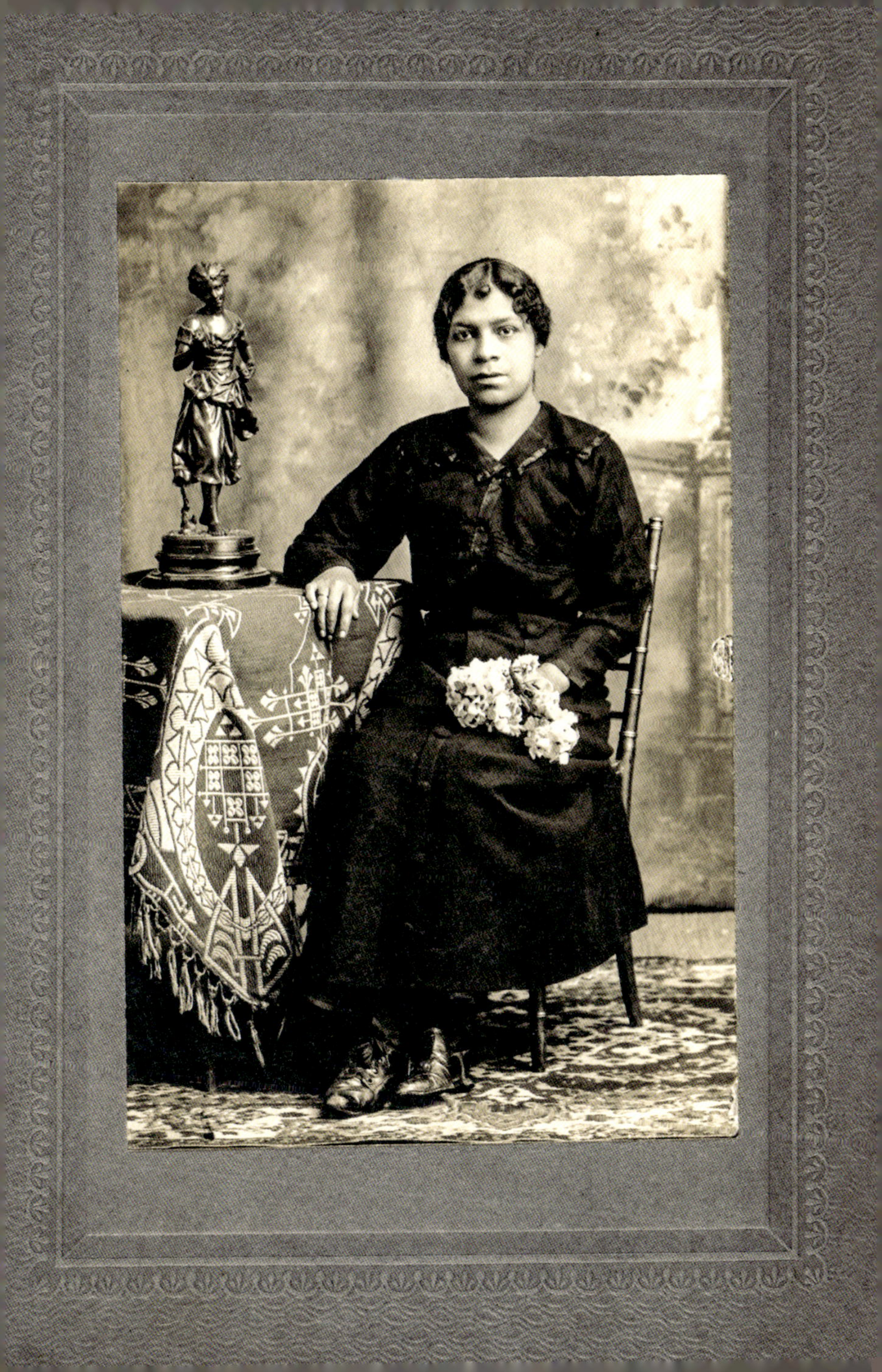

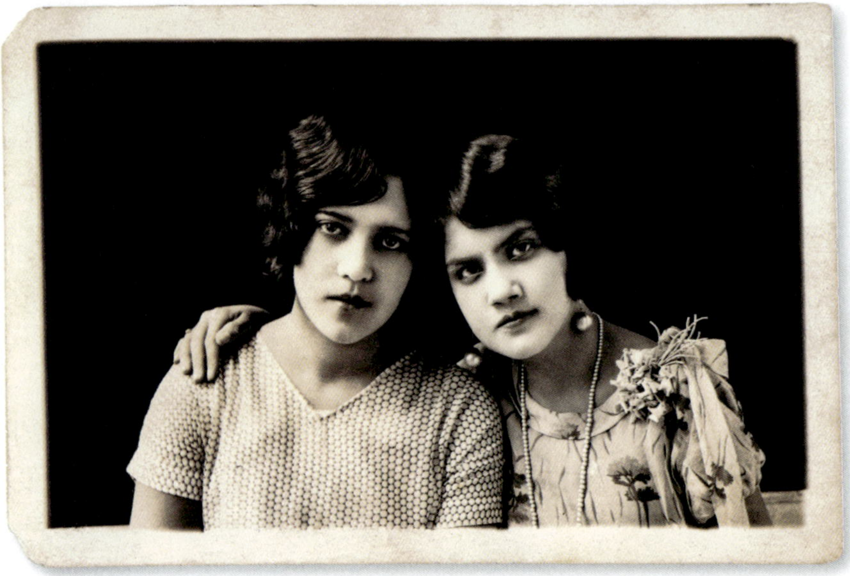

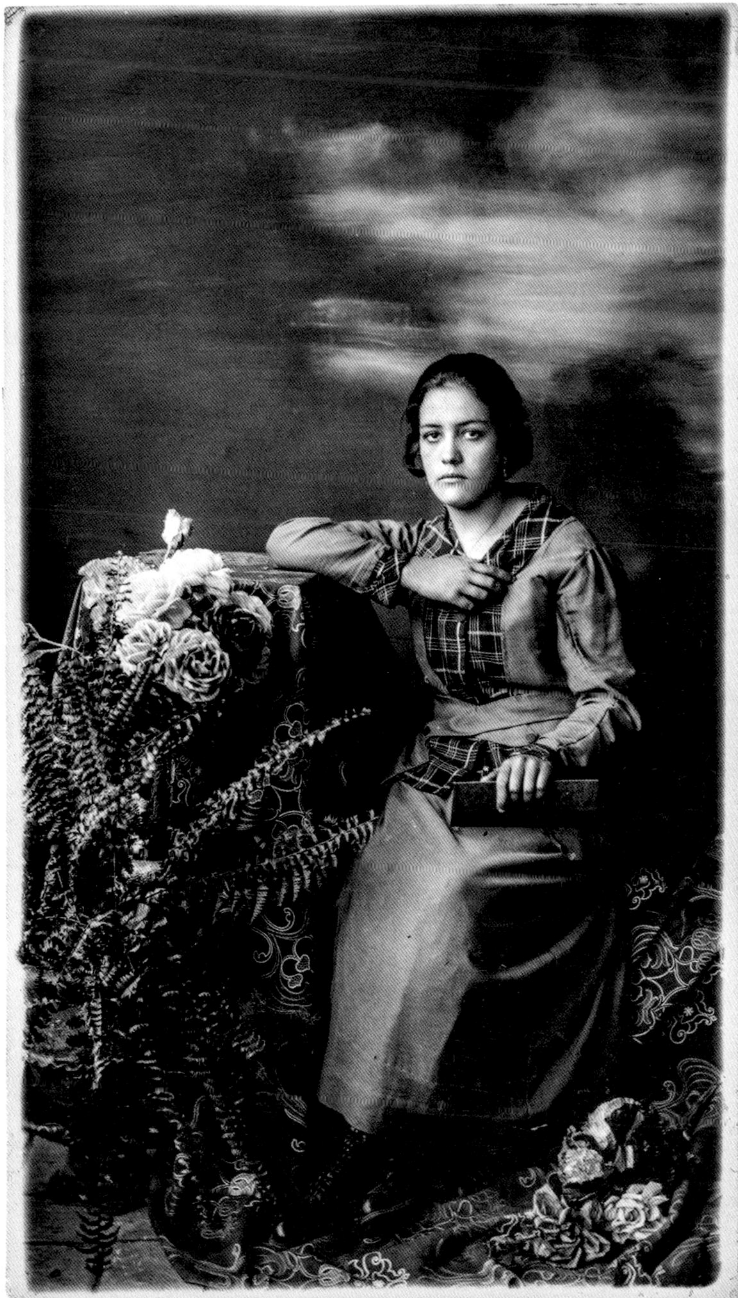

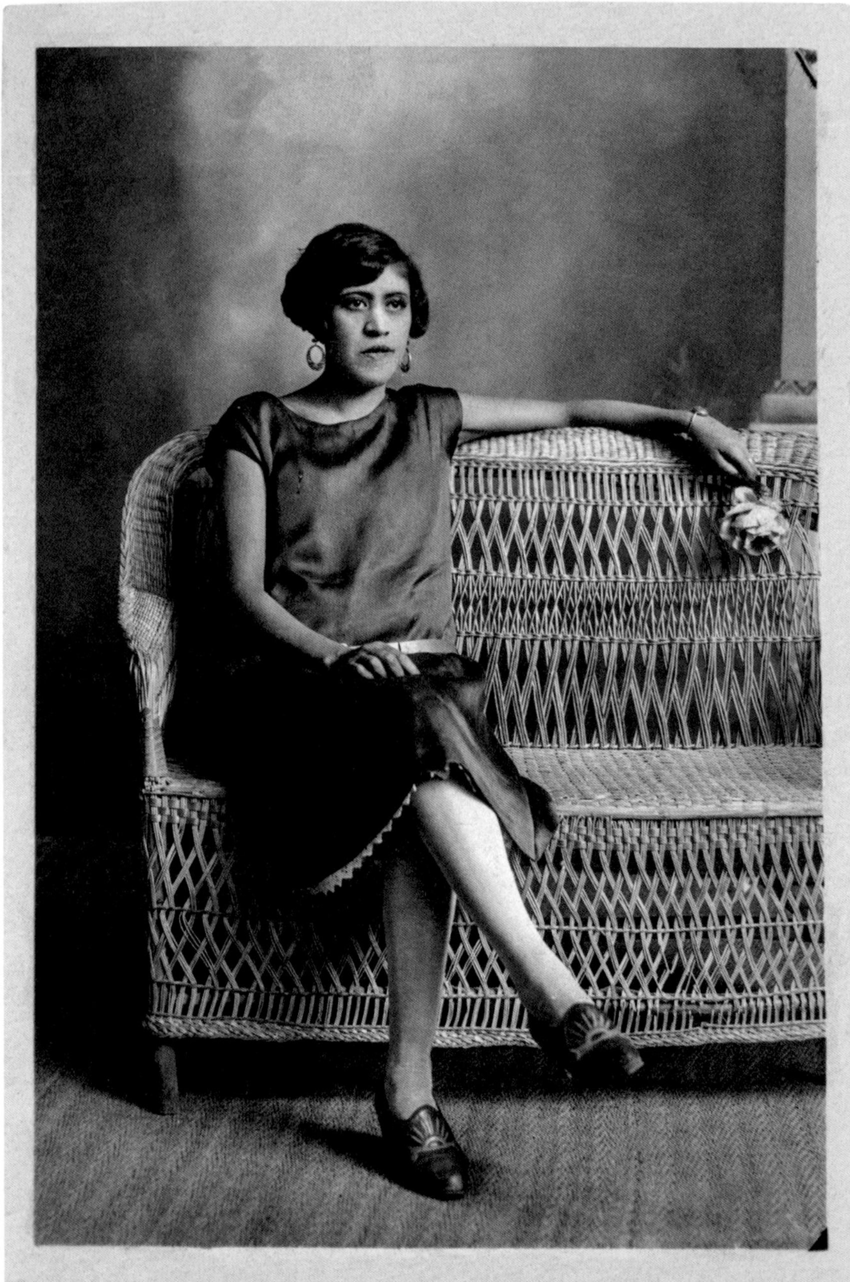

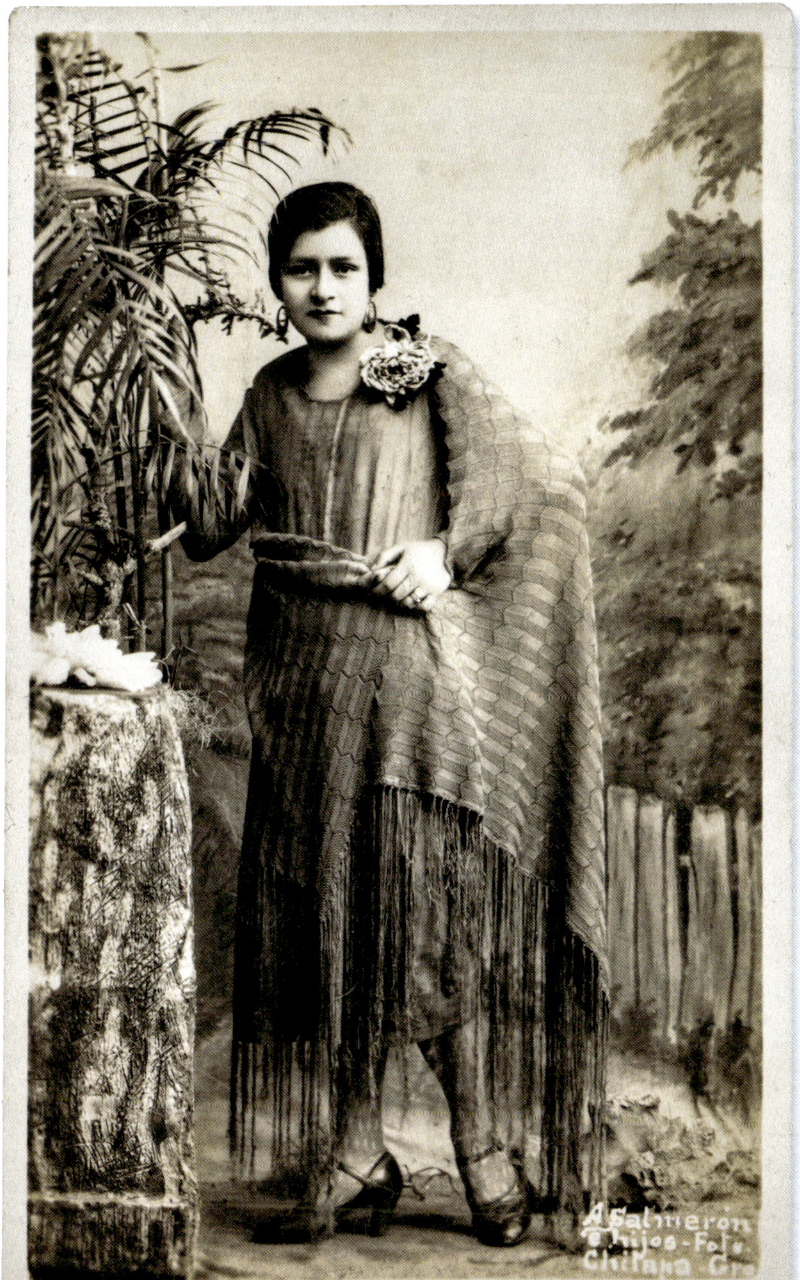
A Salmerón
e hijos - Foto
Chilapa Gr.

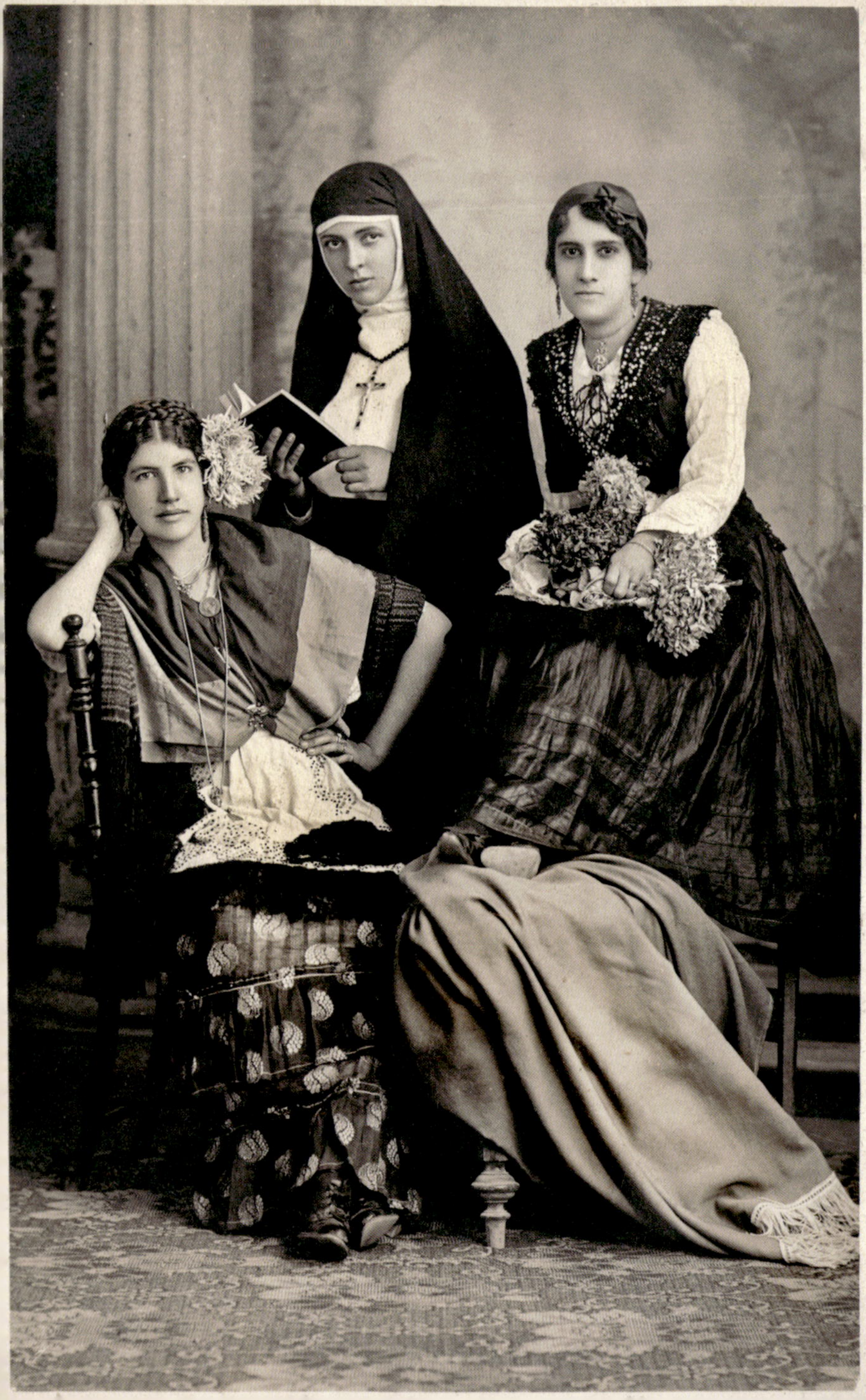

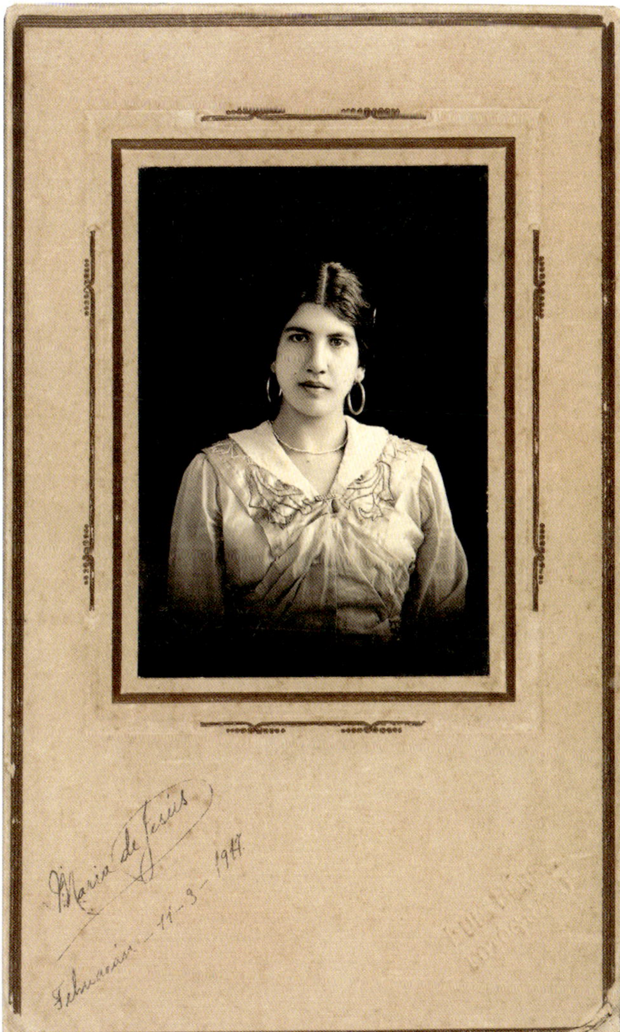

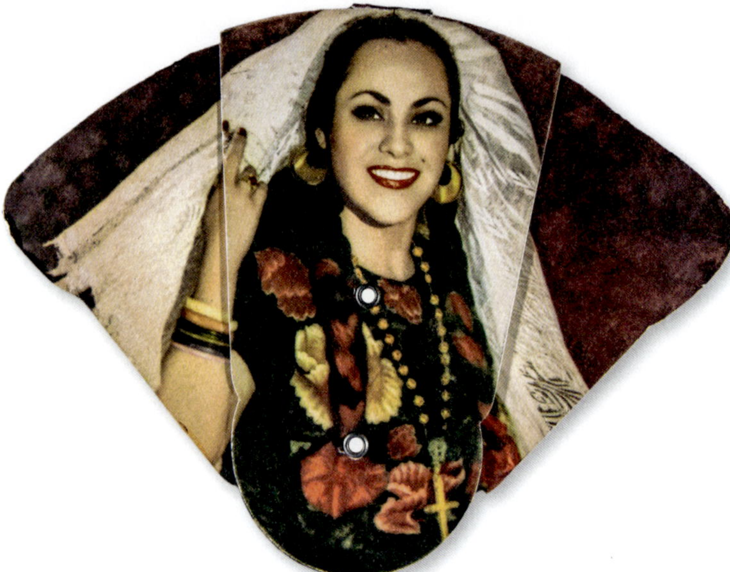

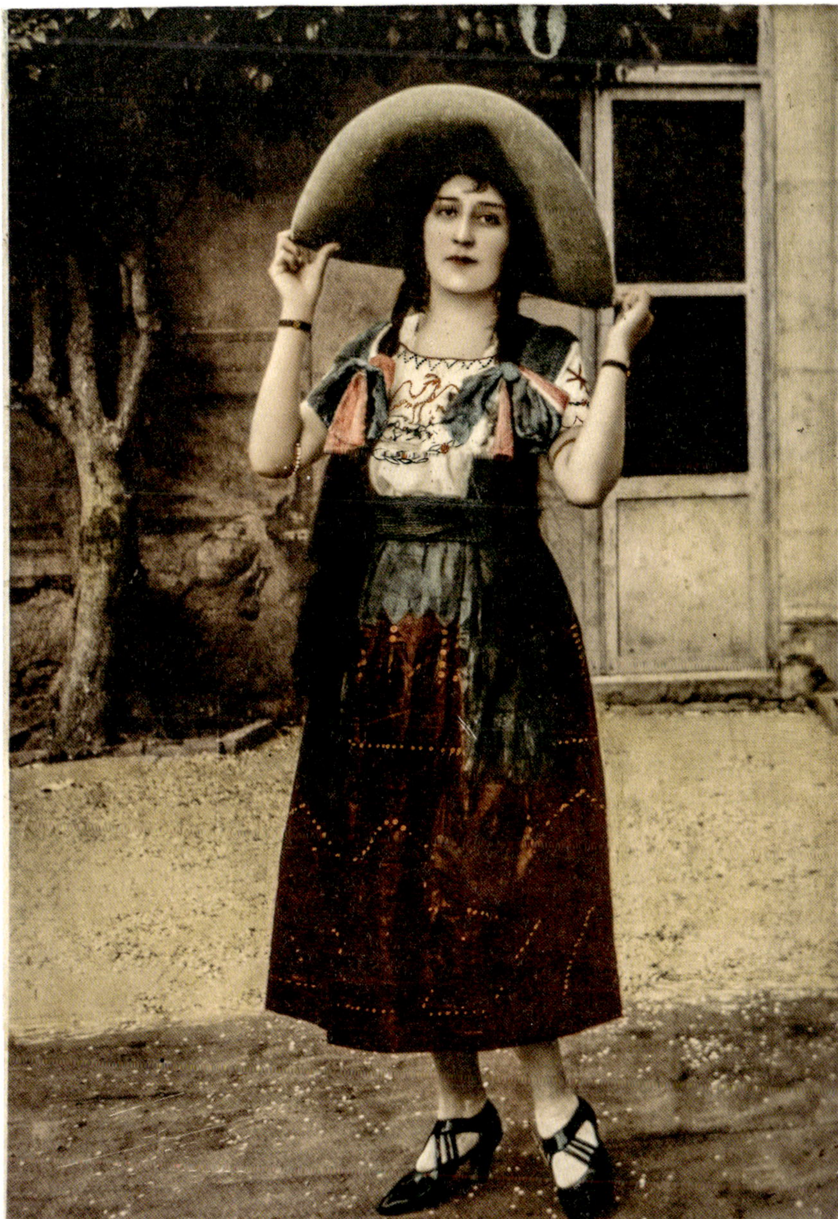

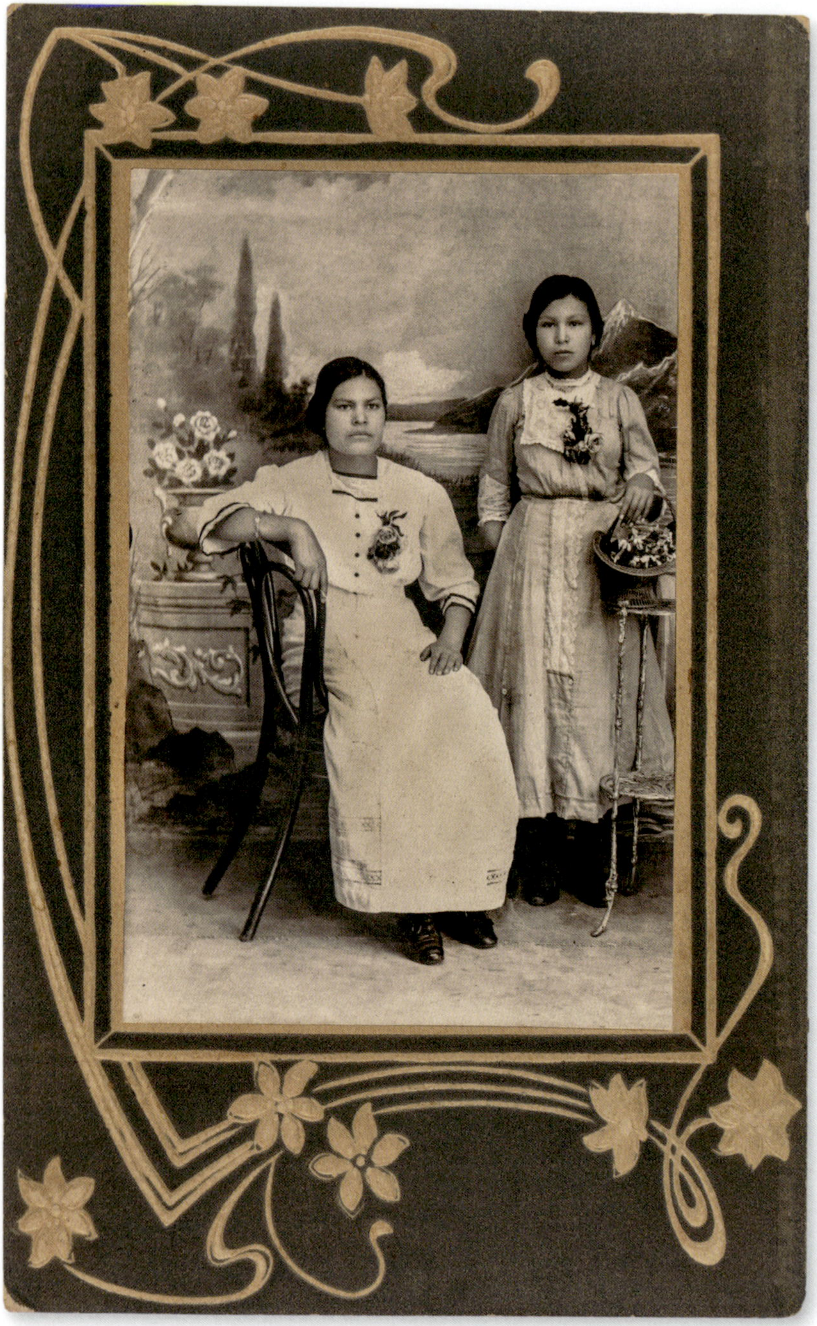

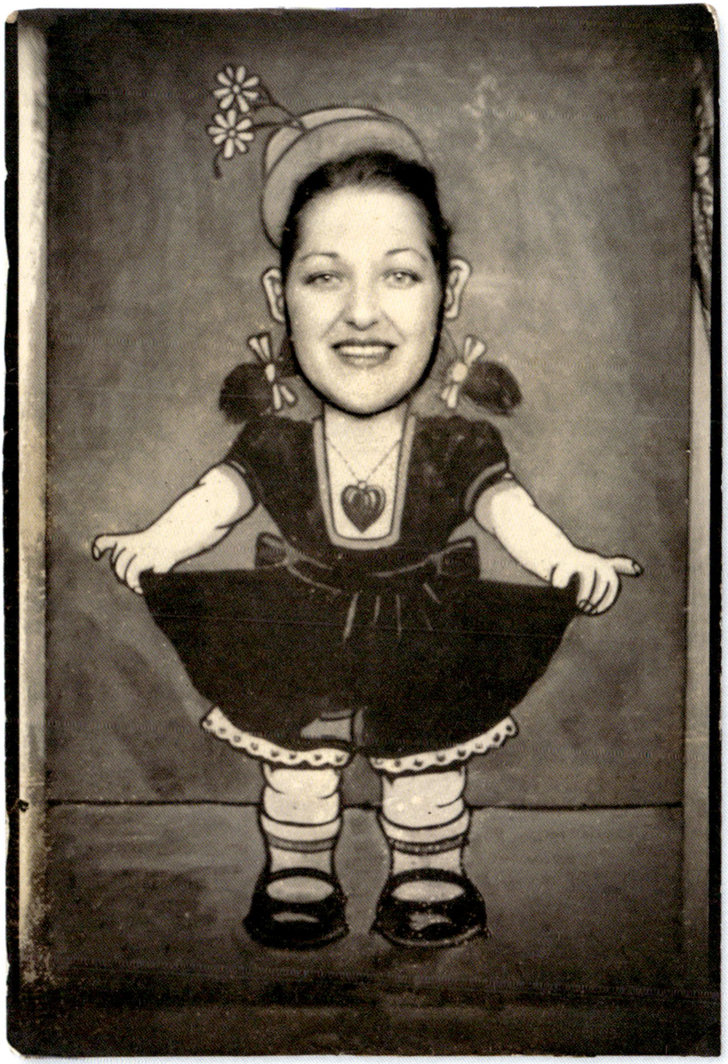

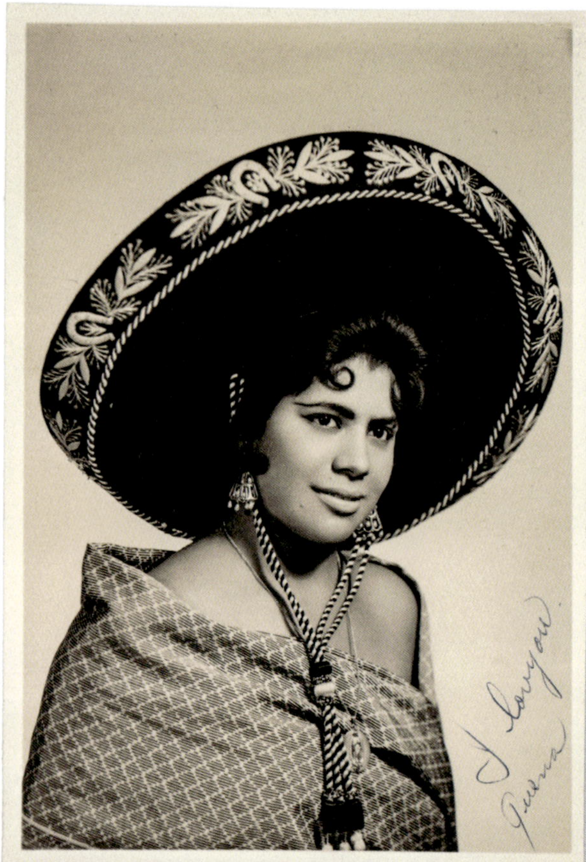

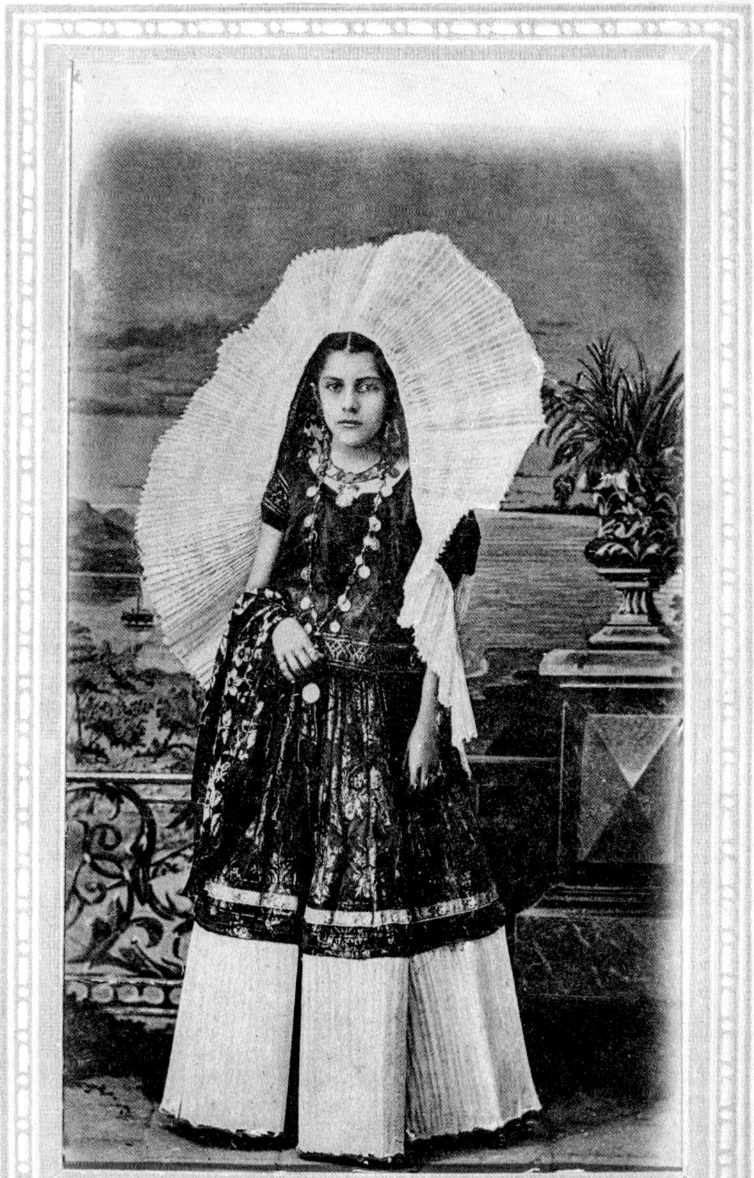

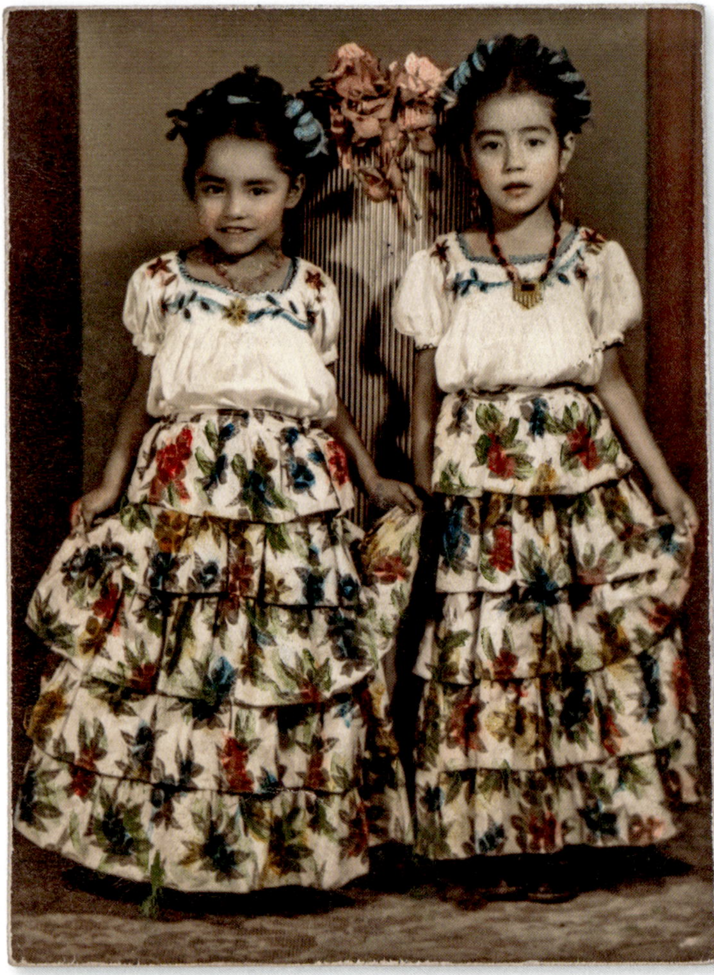

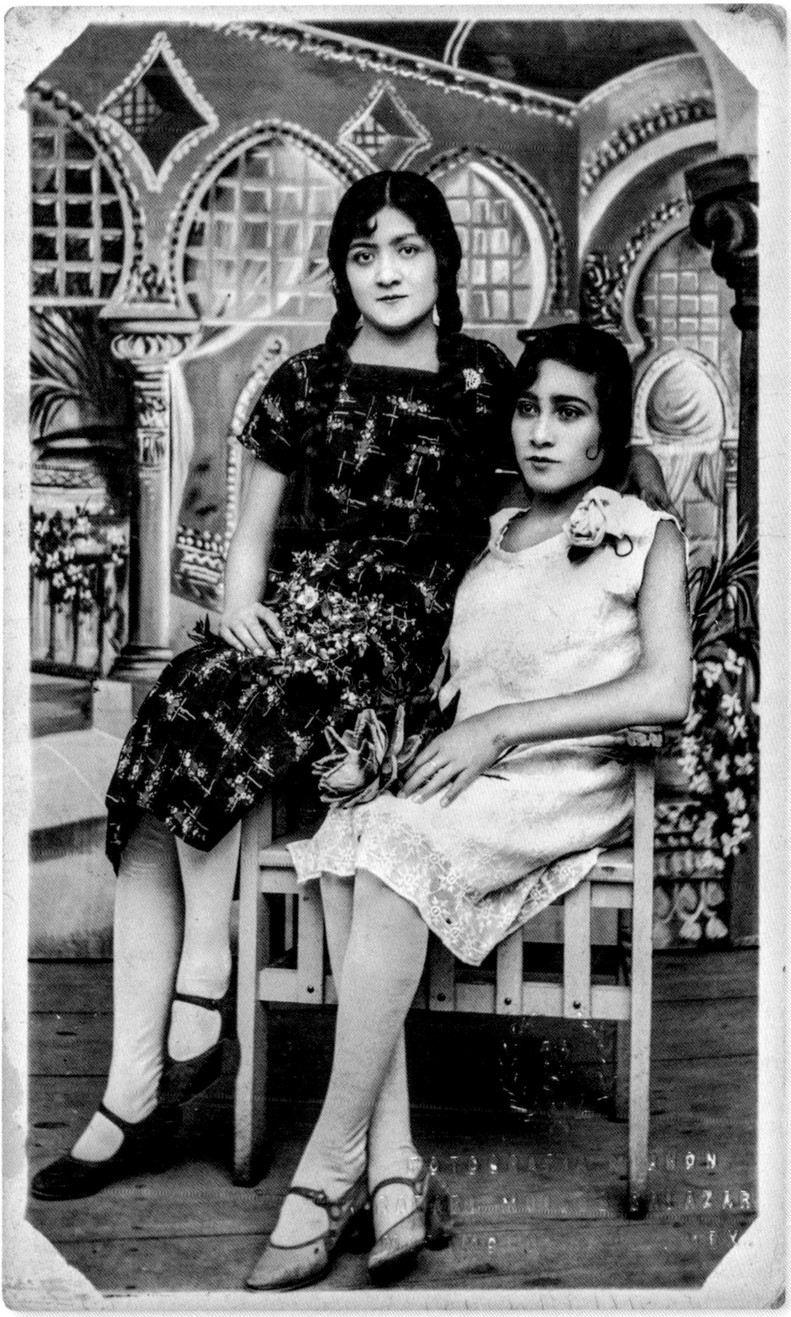

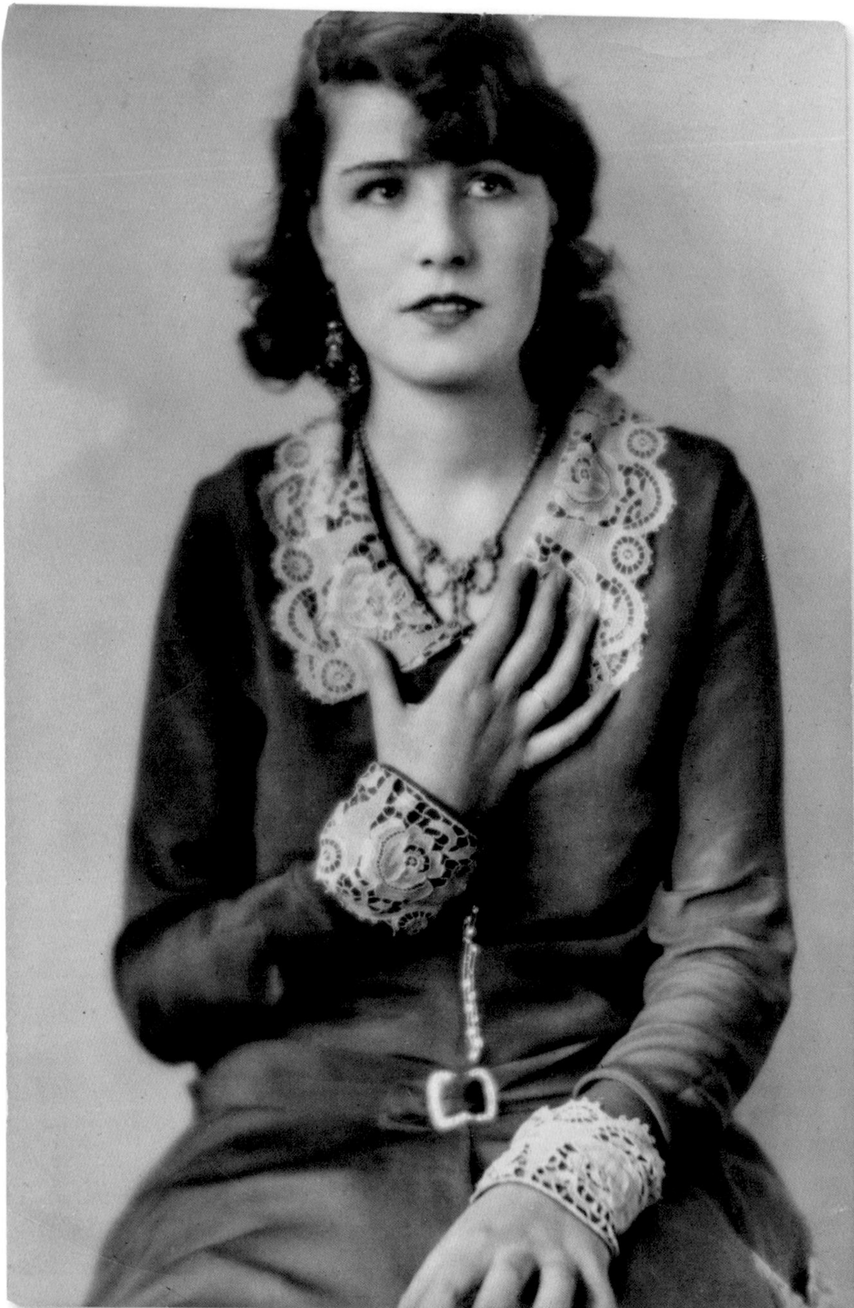

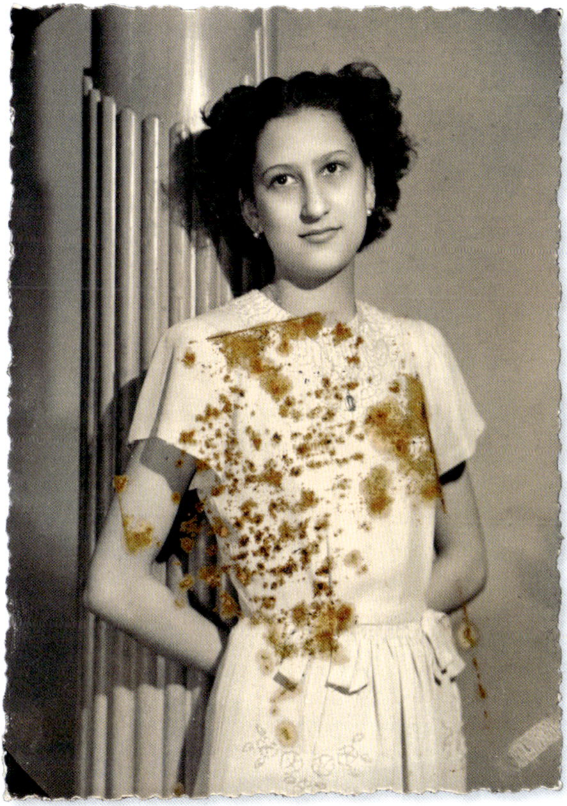

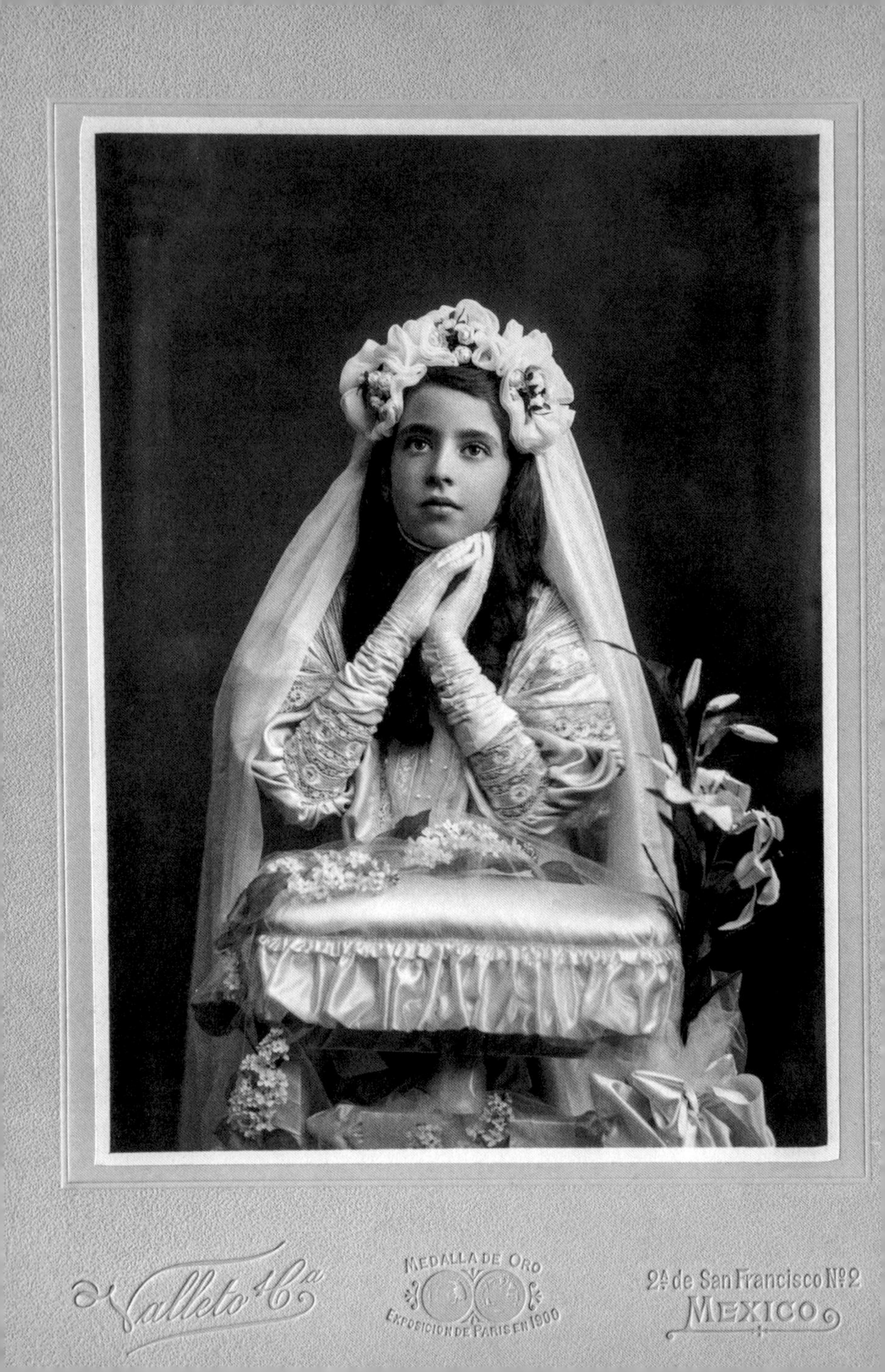
Valleto y Ca
MEDALLA DE ORO
EXPOSICION DE PARIS EN 1900
2ª de San Francisco Nº 2
MEXICO

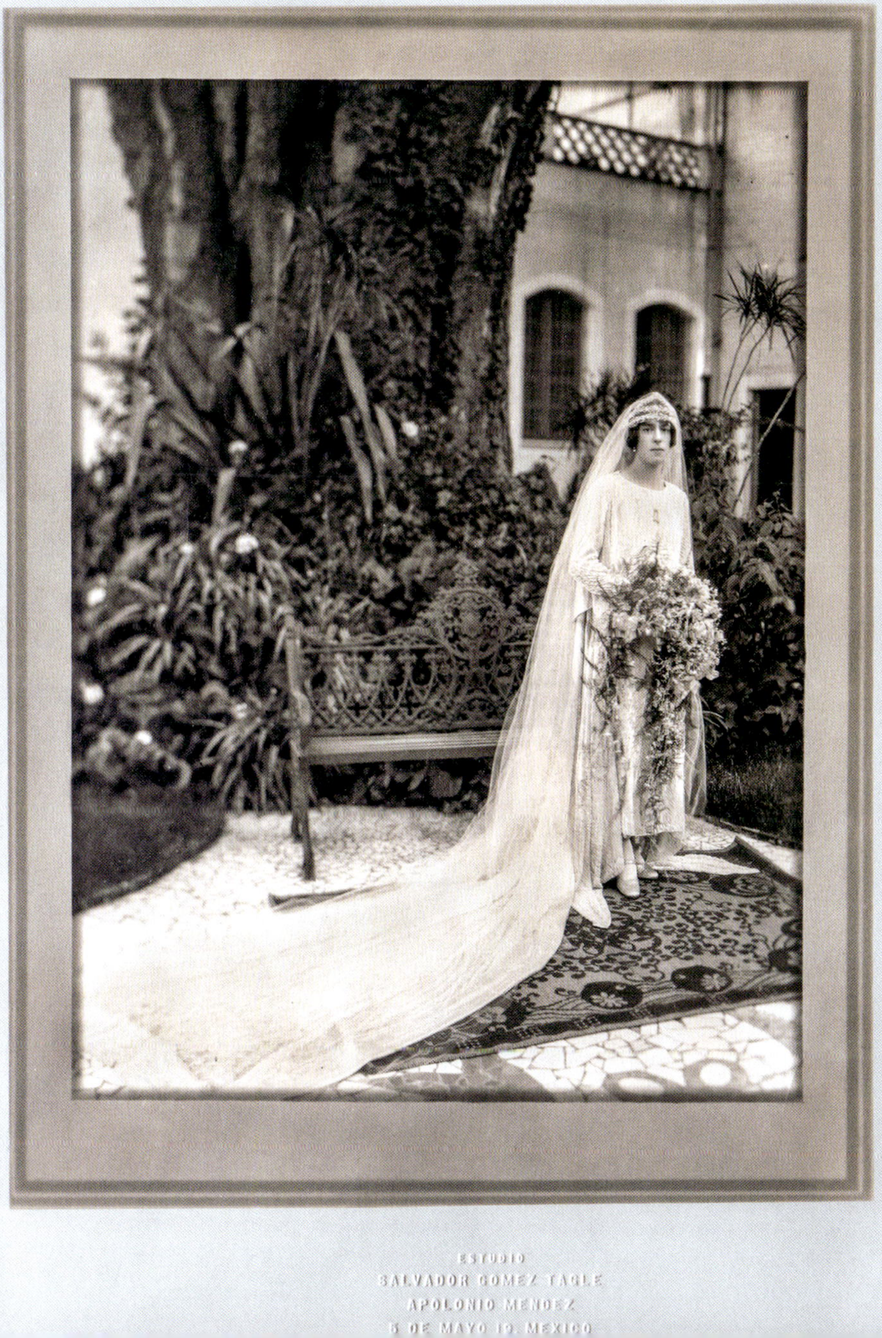
ESTUDIO
SALVADOR GOMEZ TAGLE
APOLONIO MENDEZ
5 DE MAYO 19. MEXICO

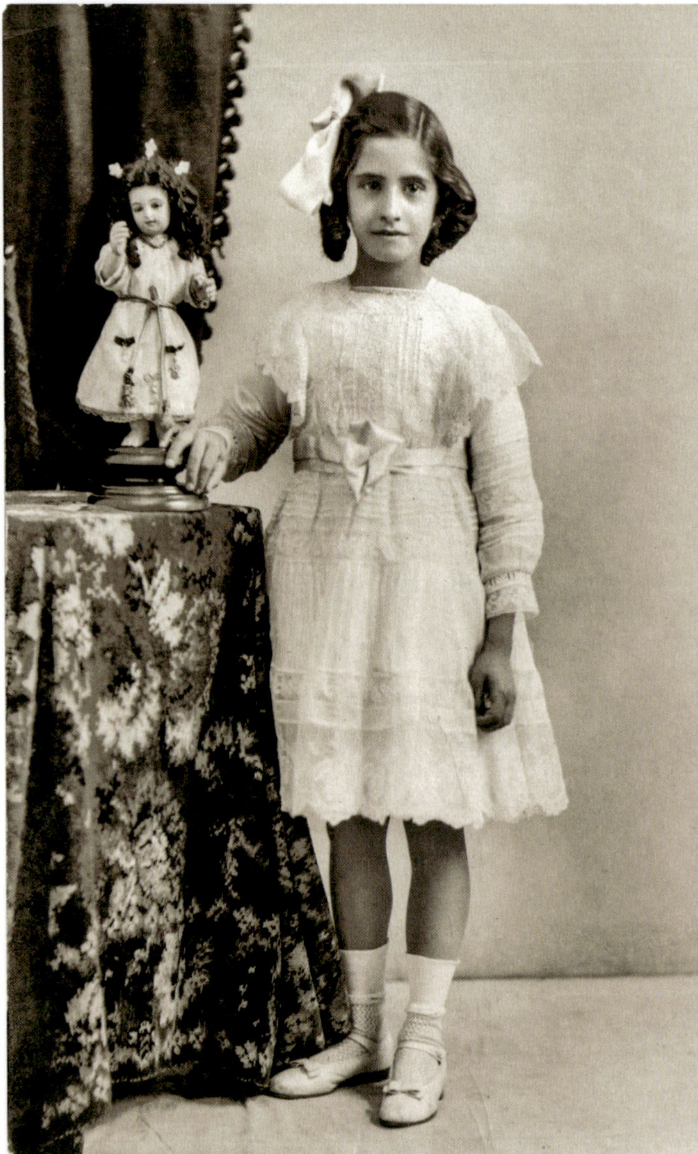

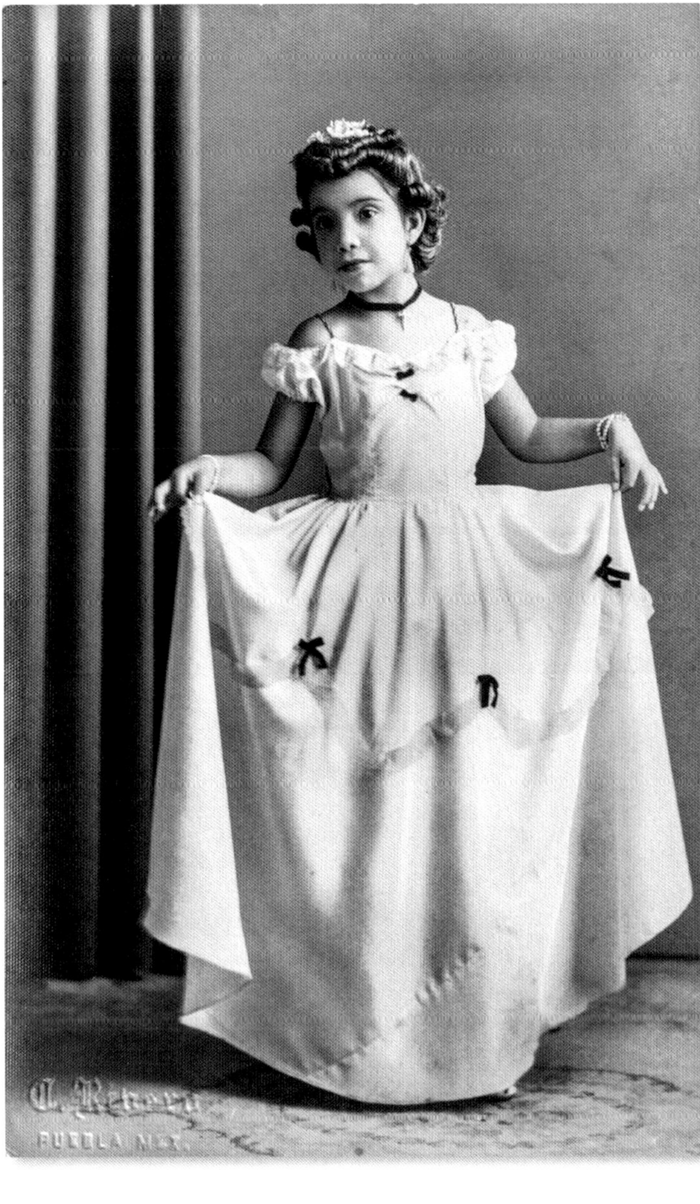
PUEBLA MEX.

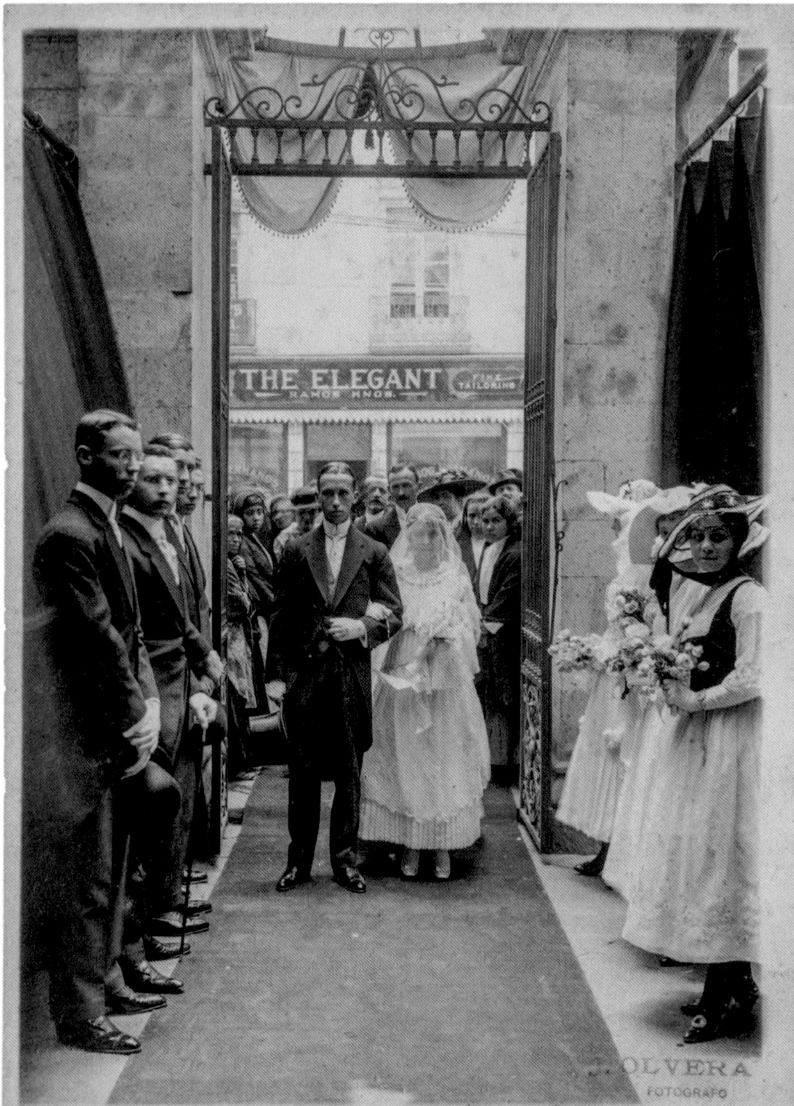
THE ELEGANT
RAMOS HNOS.
FINE TAILORING
OLVERA
FOTOGRAFO
2a REGINA

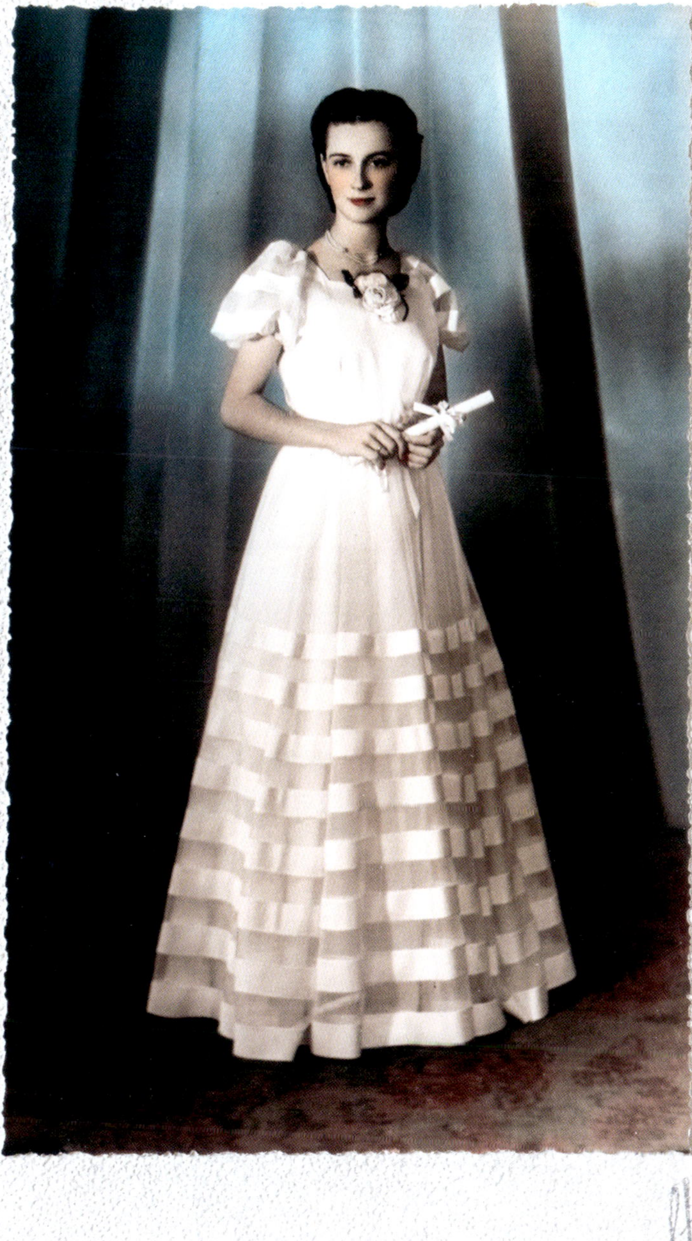

Stella

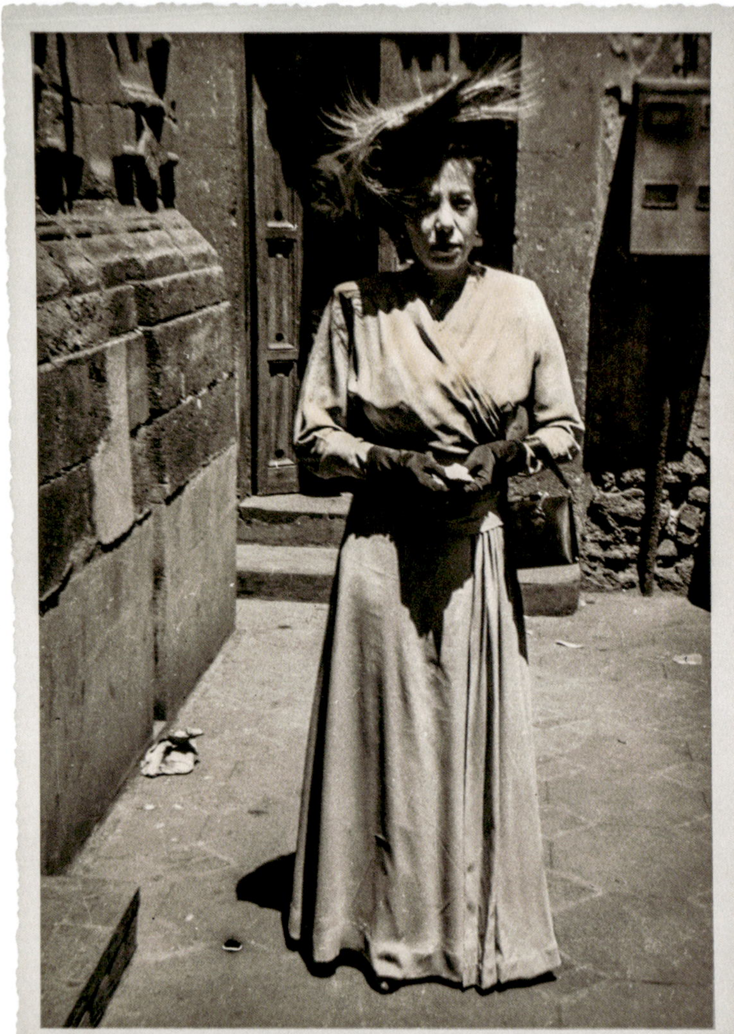

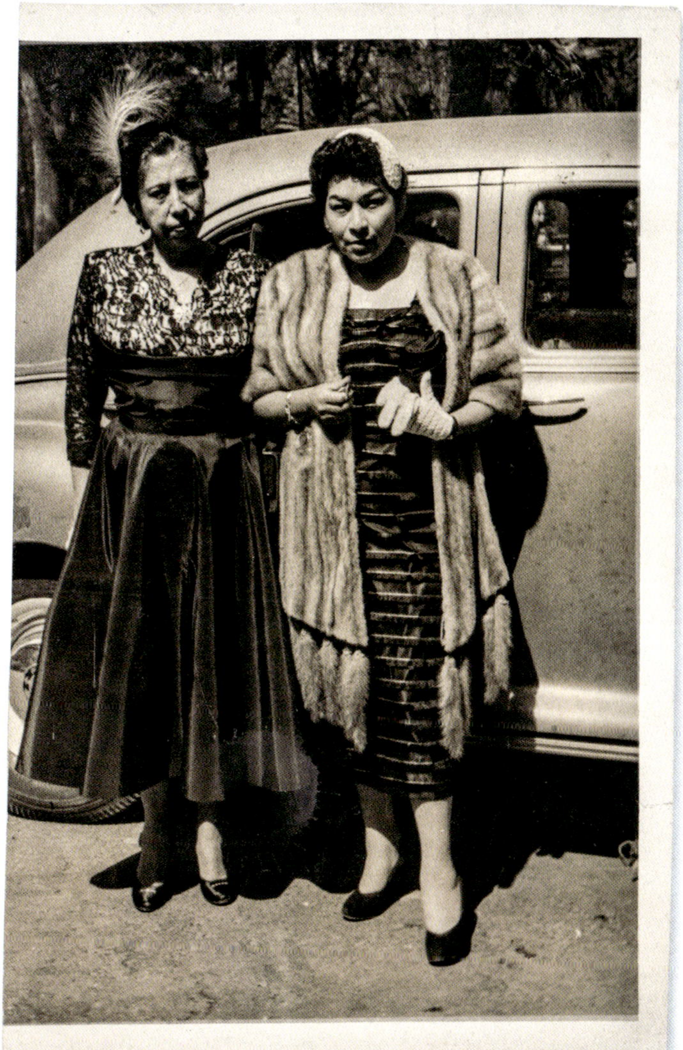

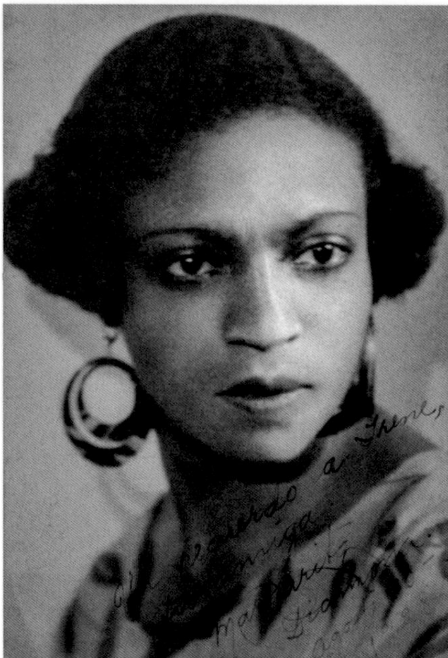

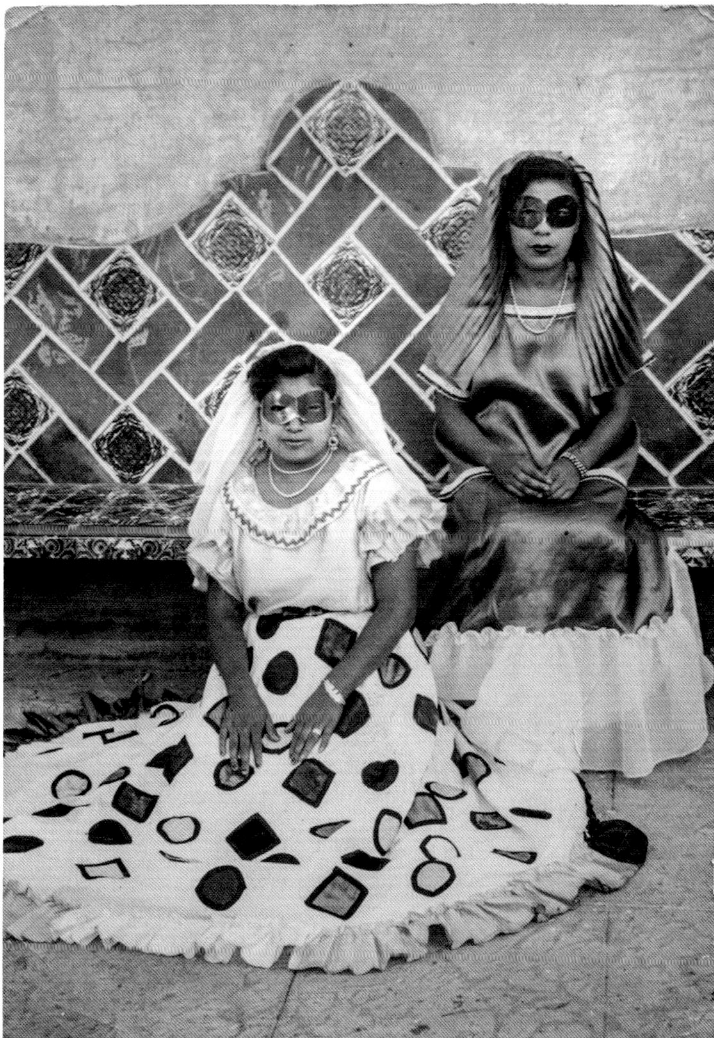

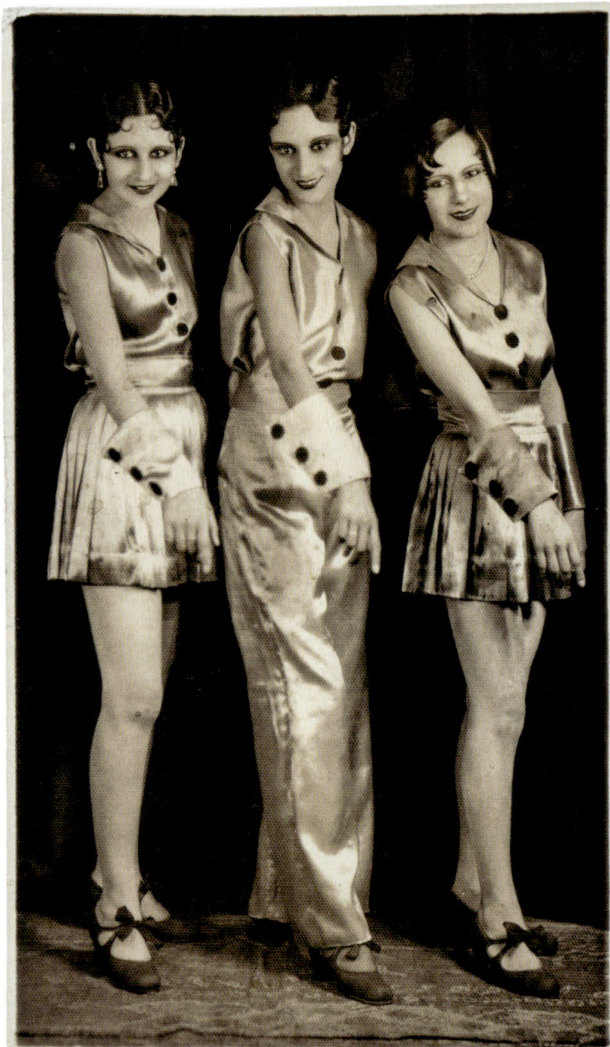

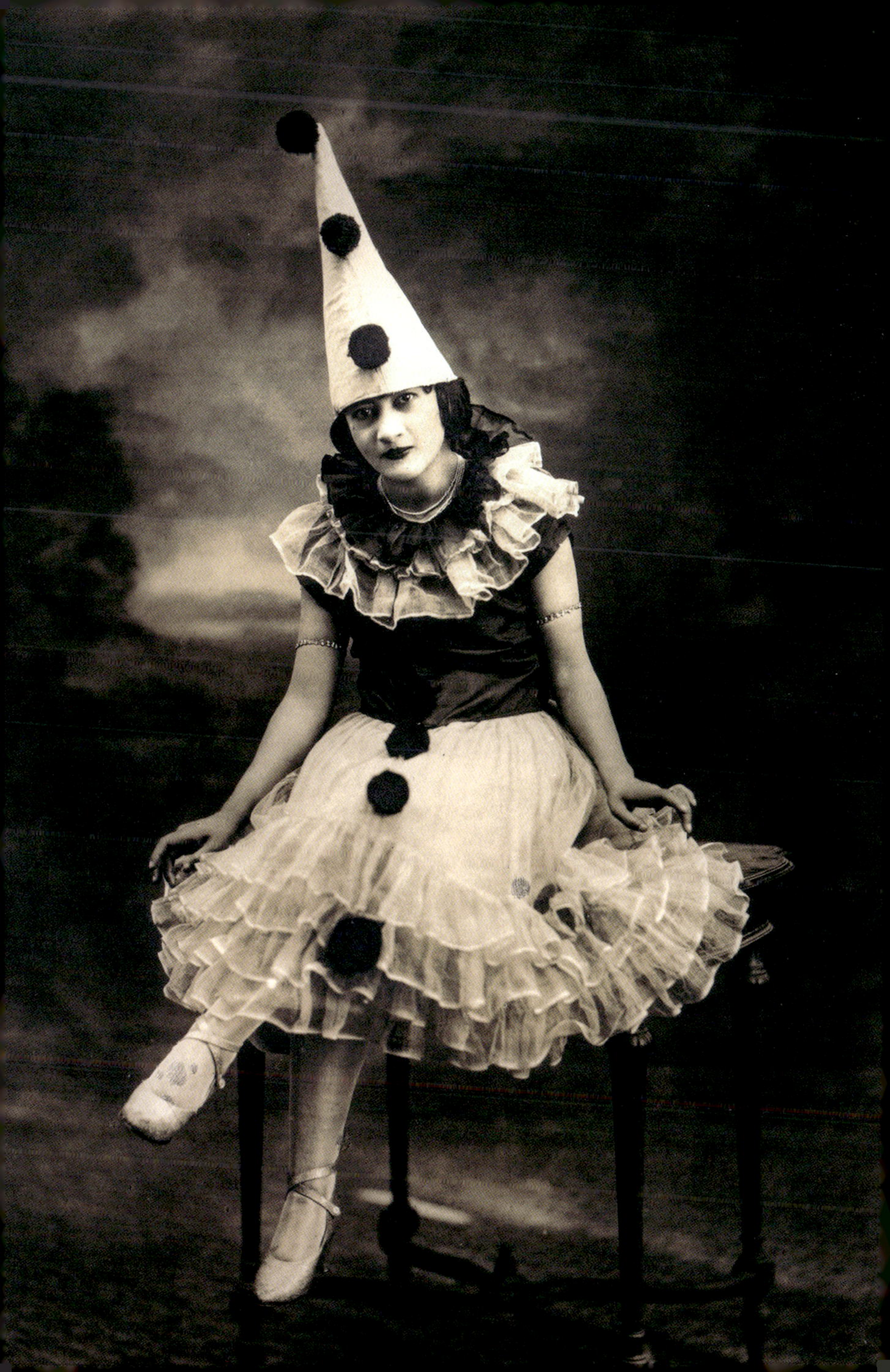

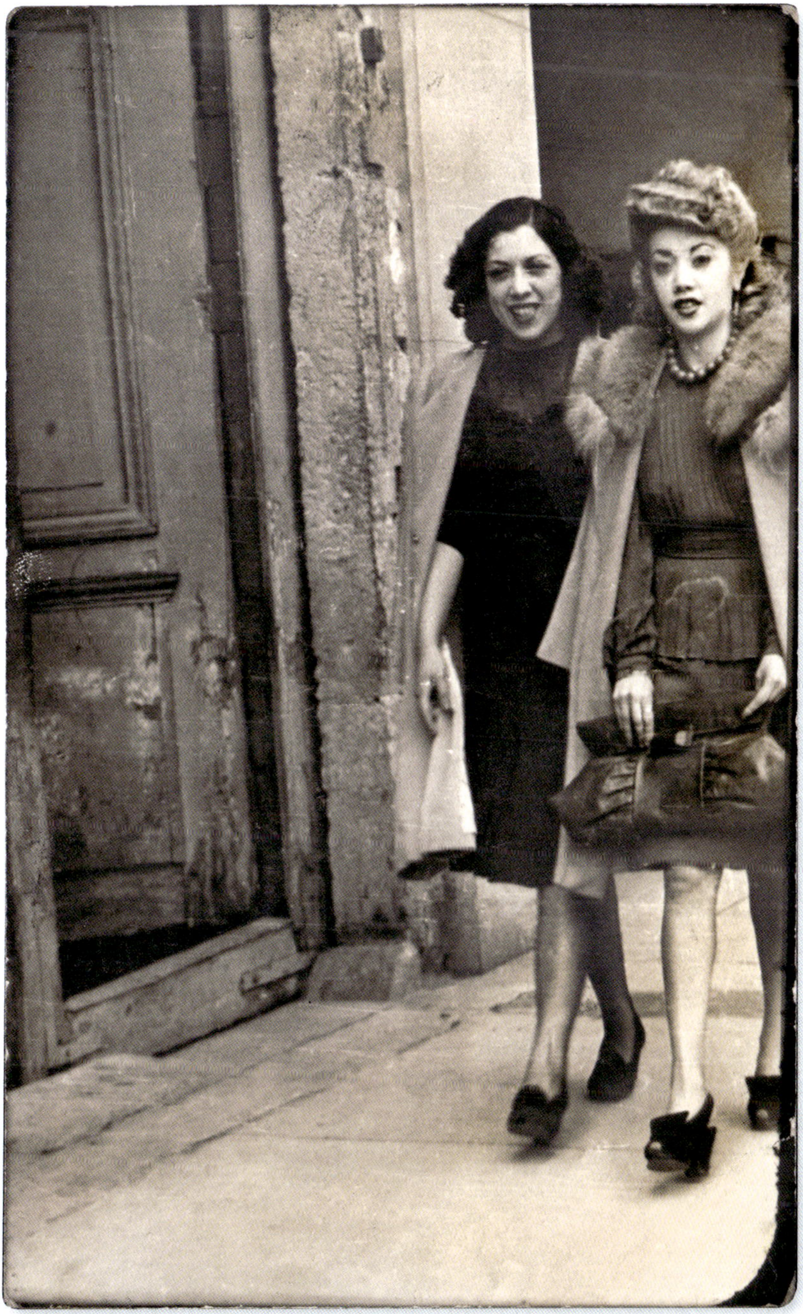

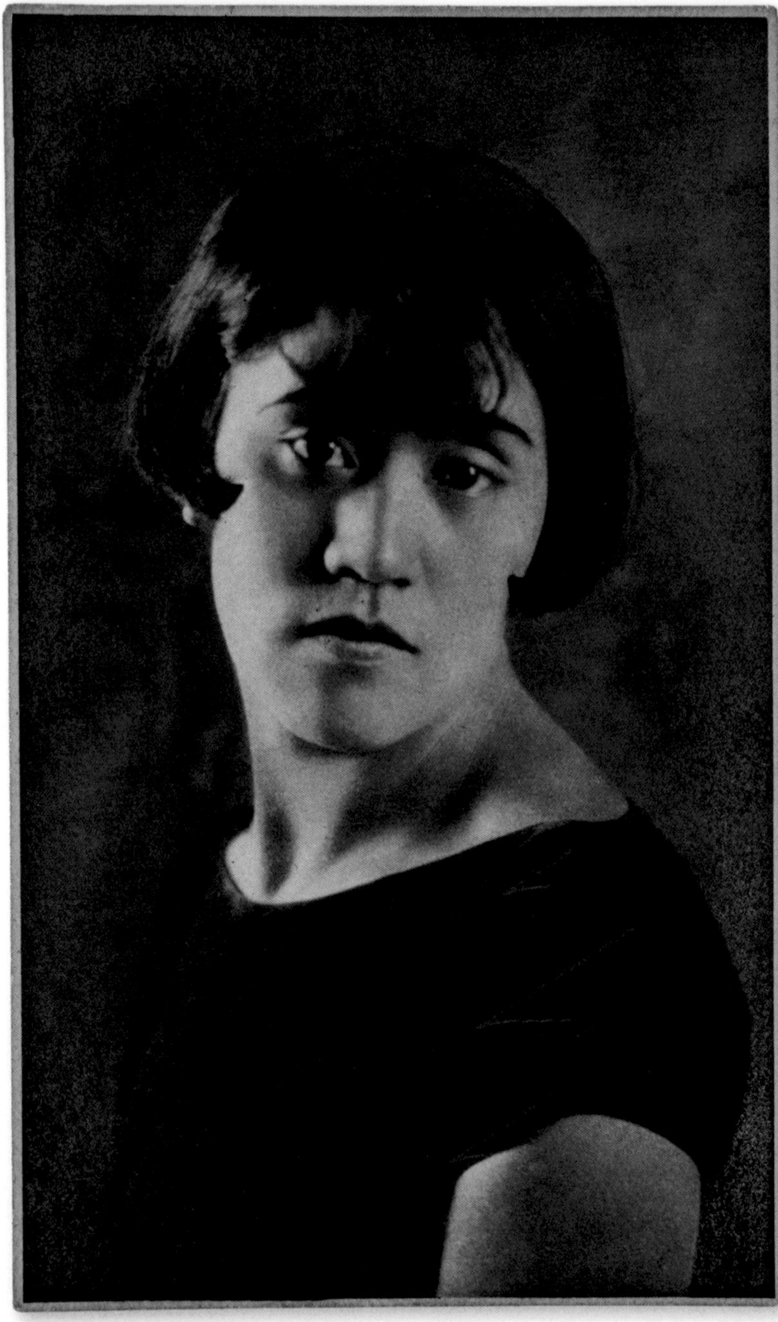

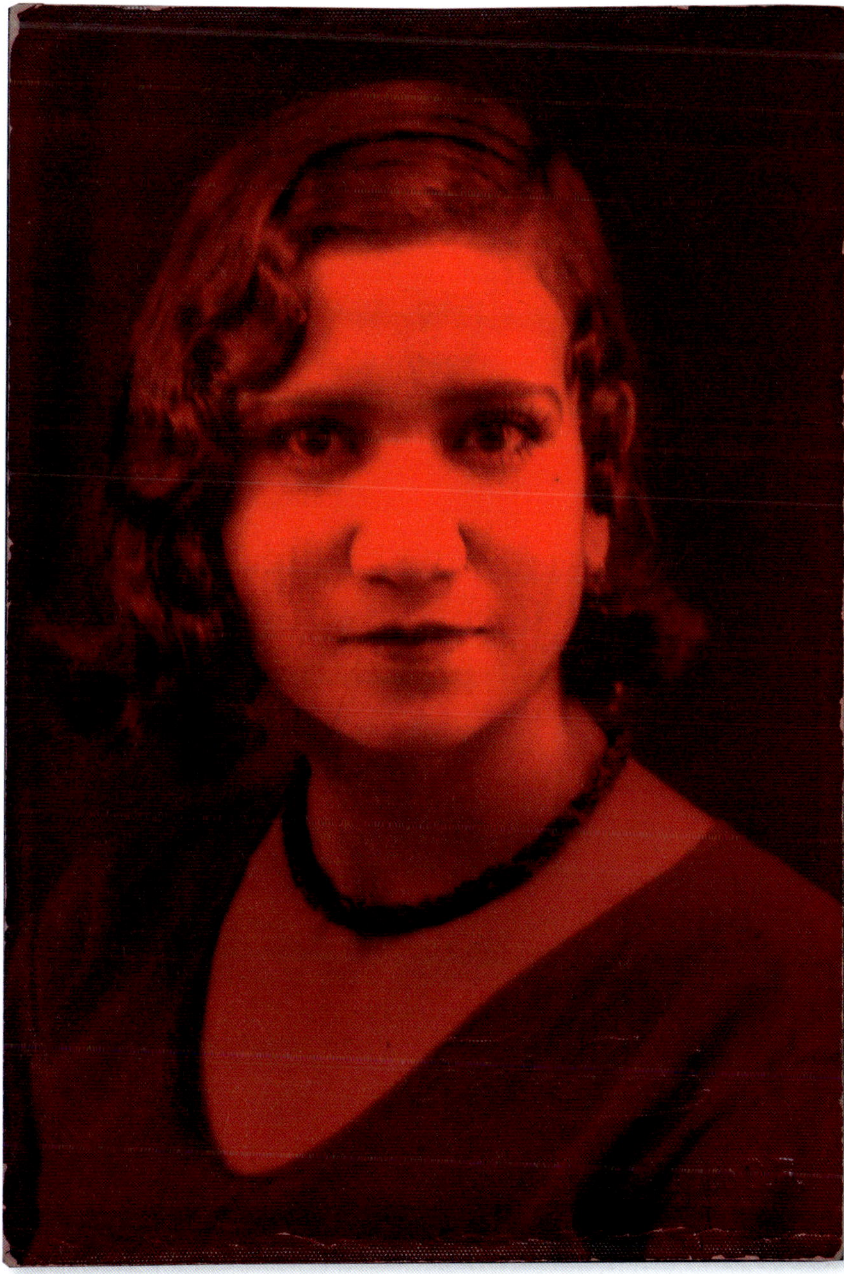

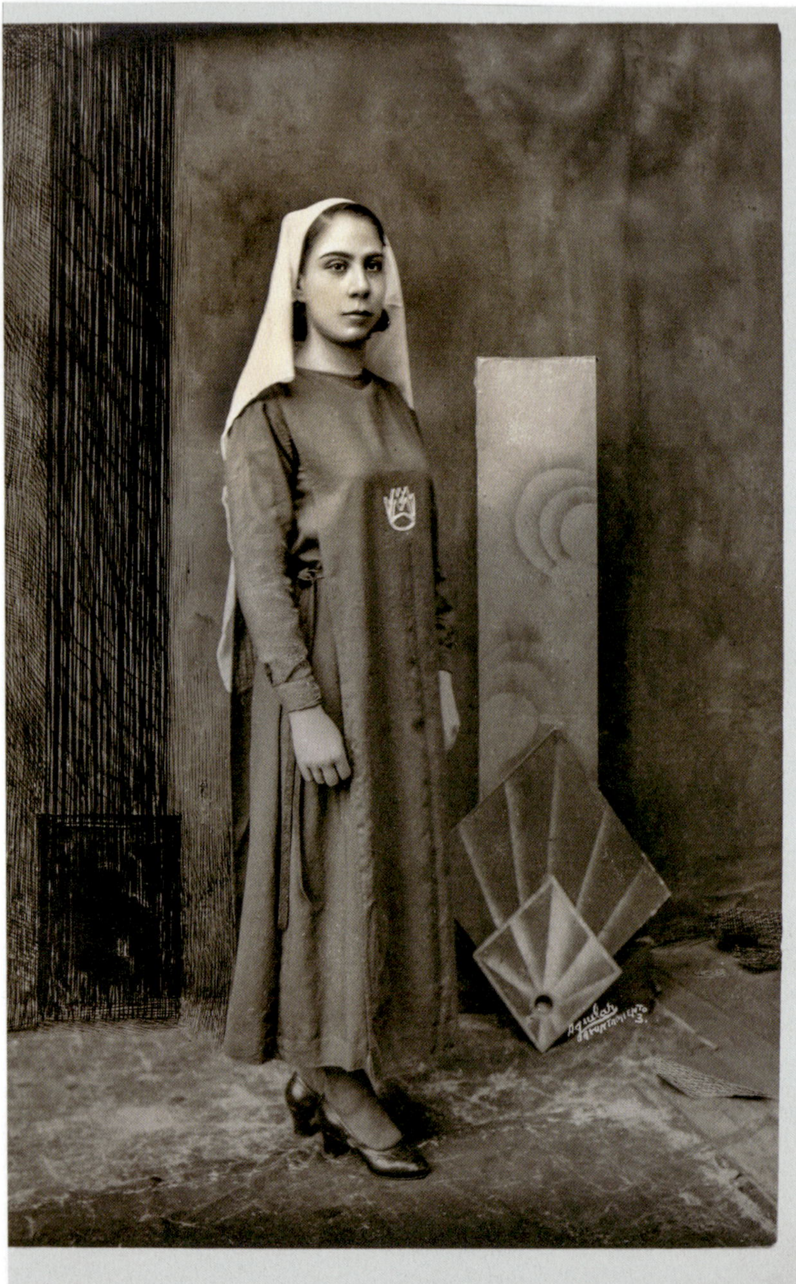
Aguilar
Ayuntamiento 3.

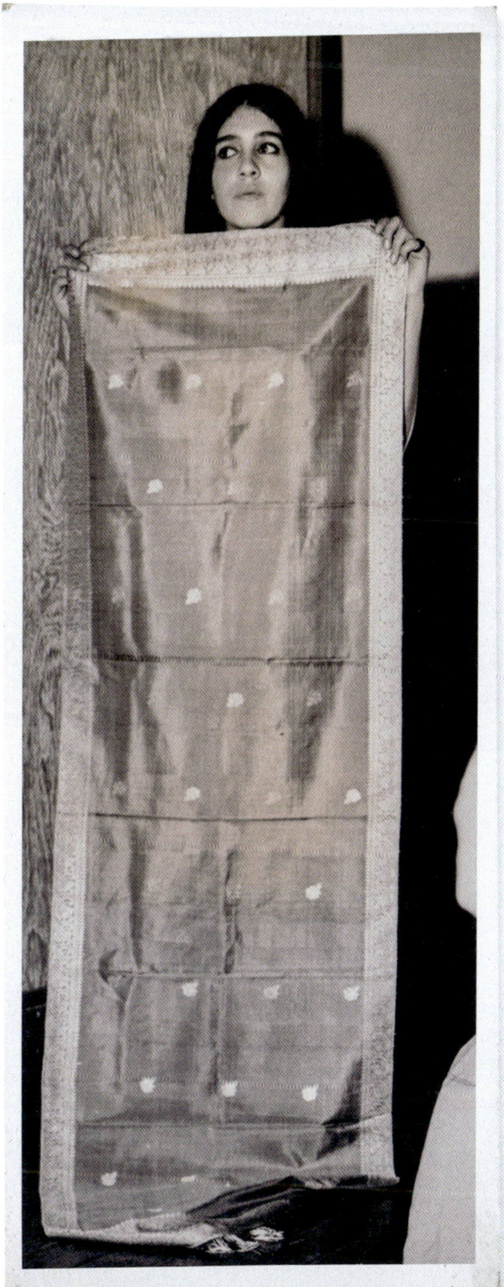

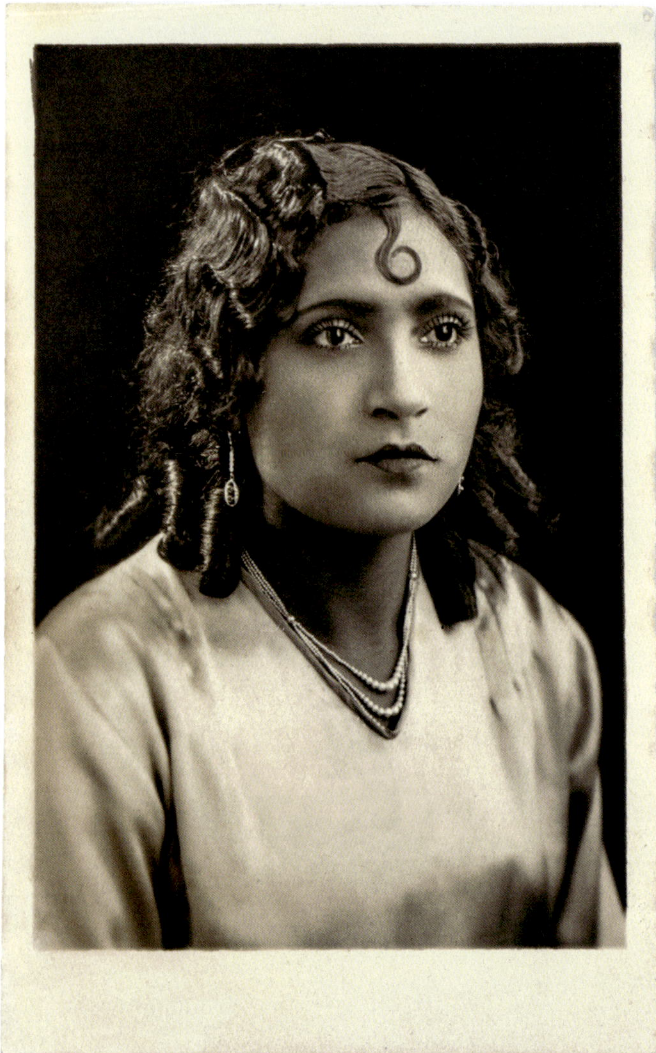

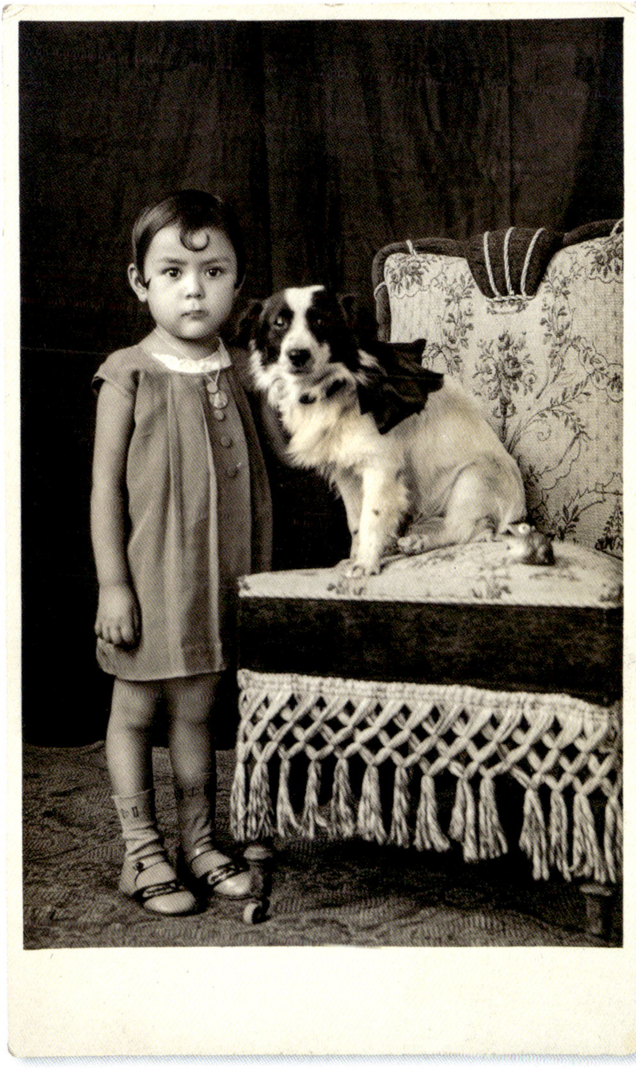

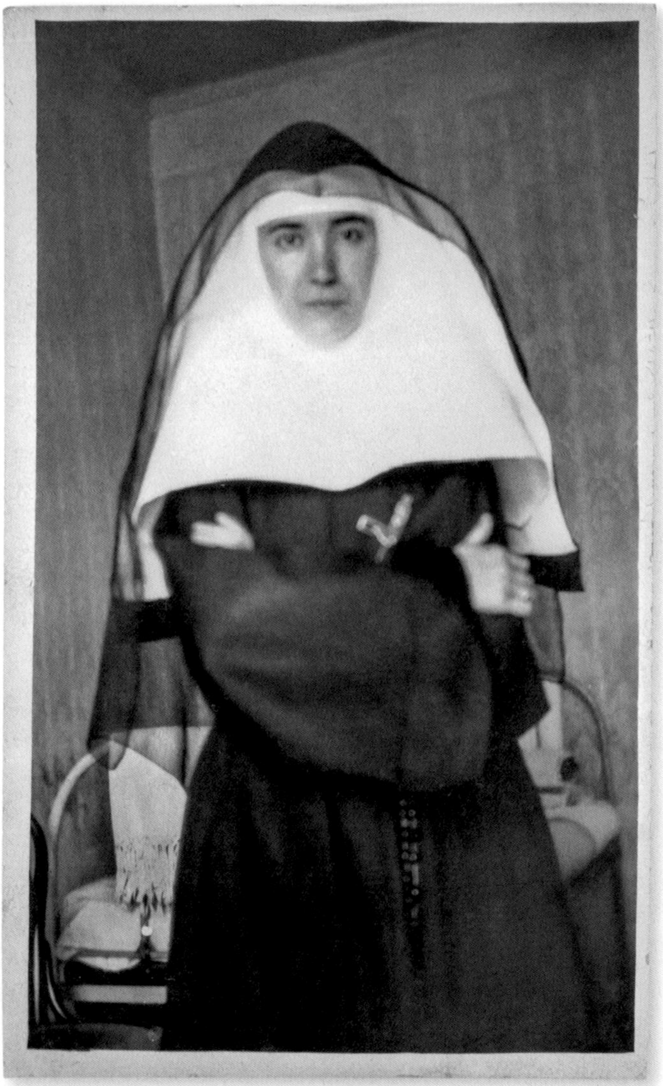

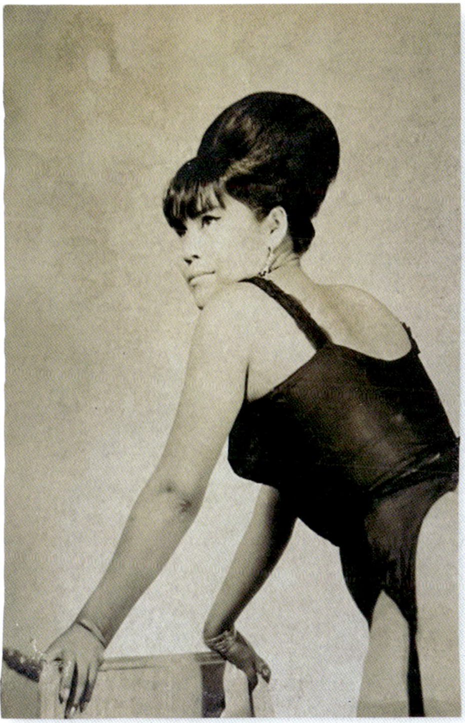

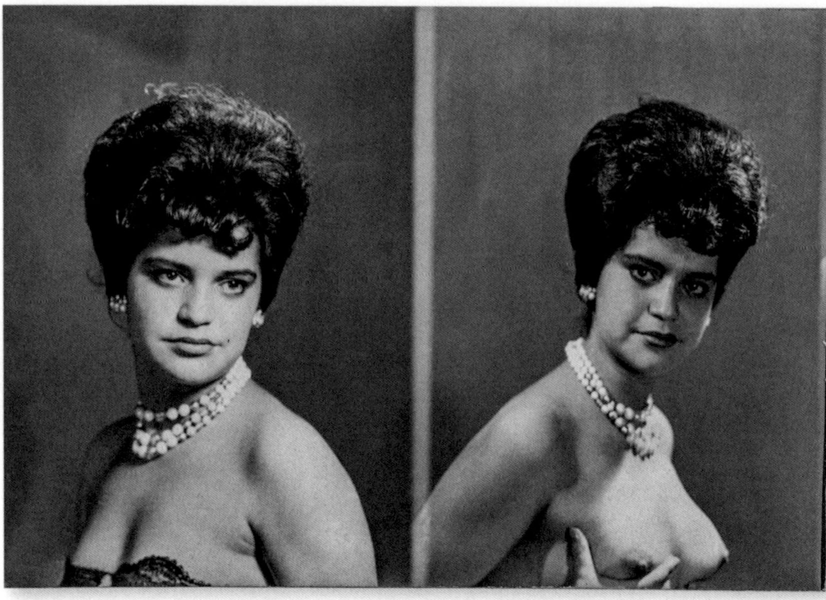

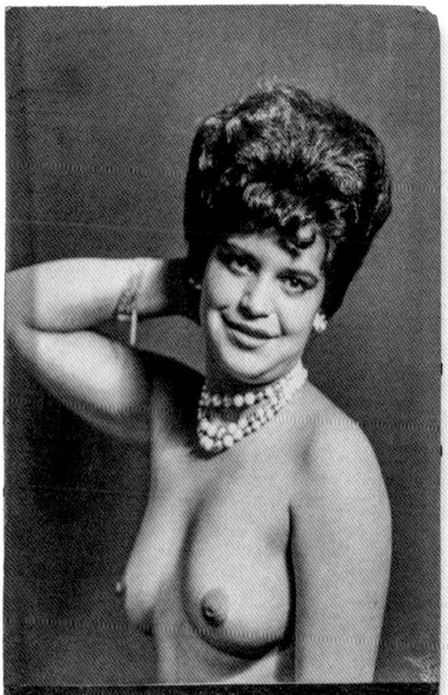

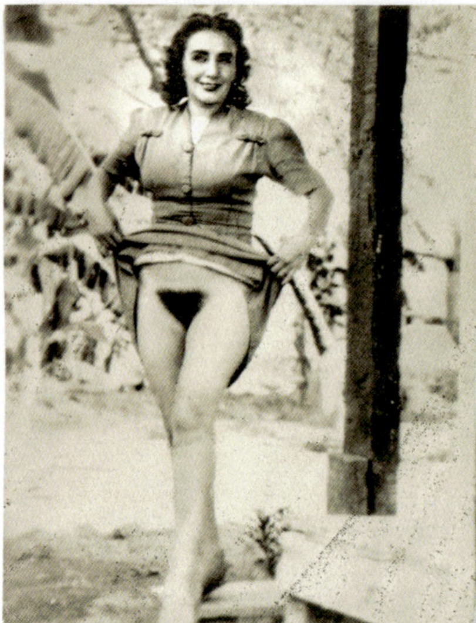

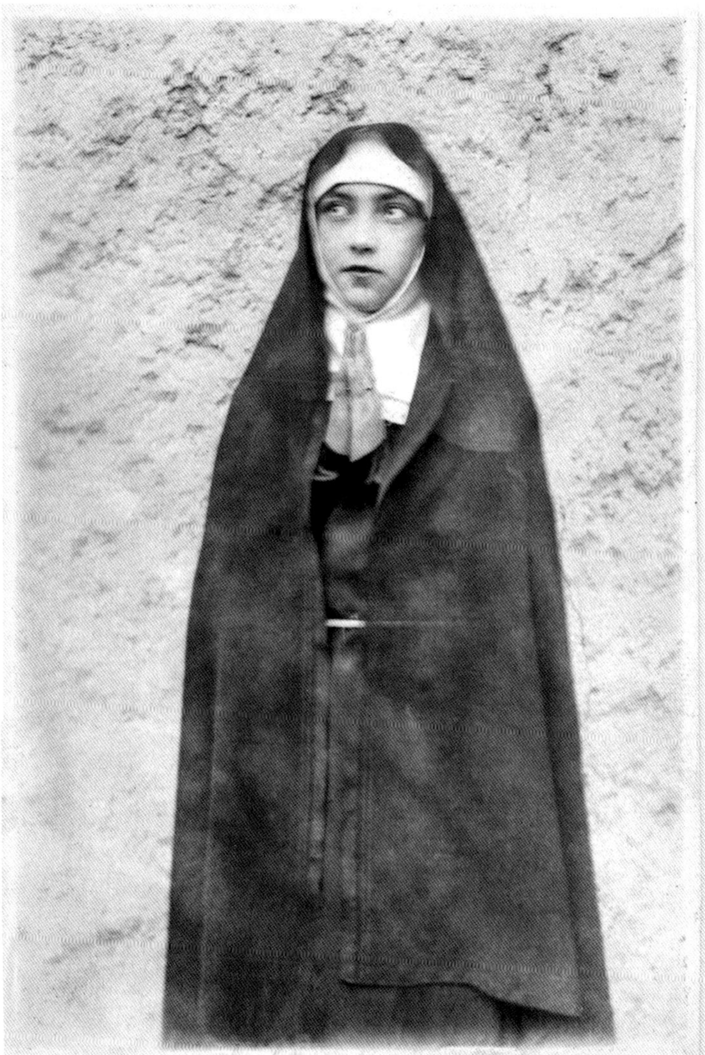

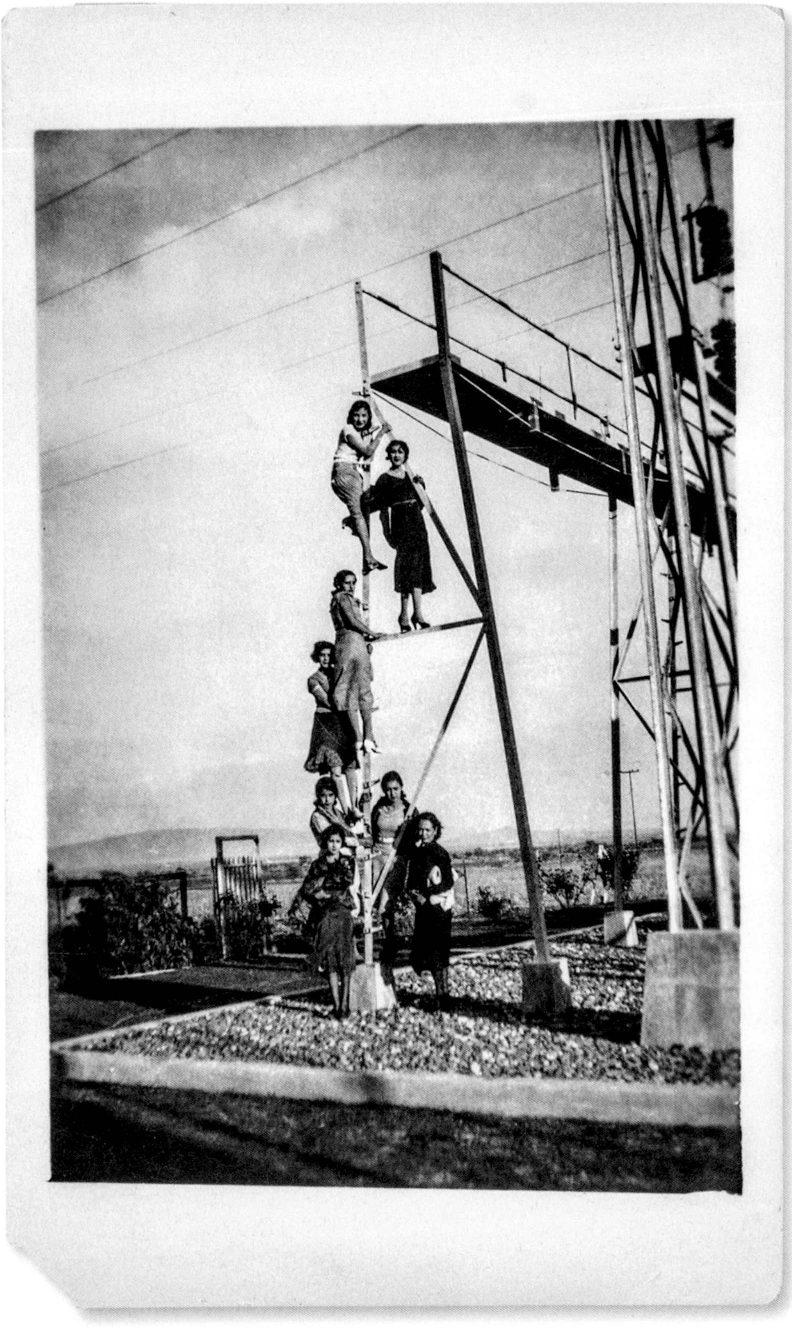

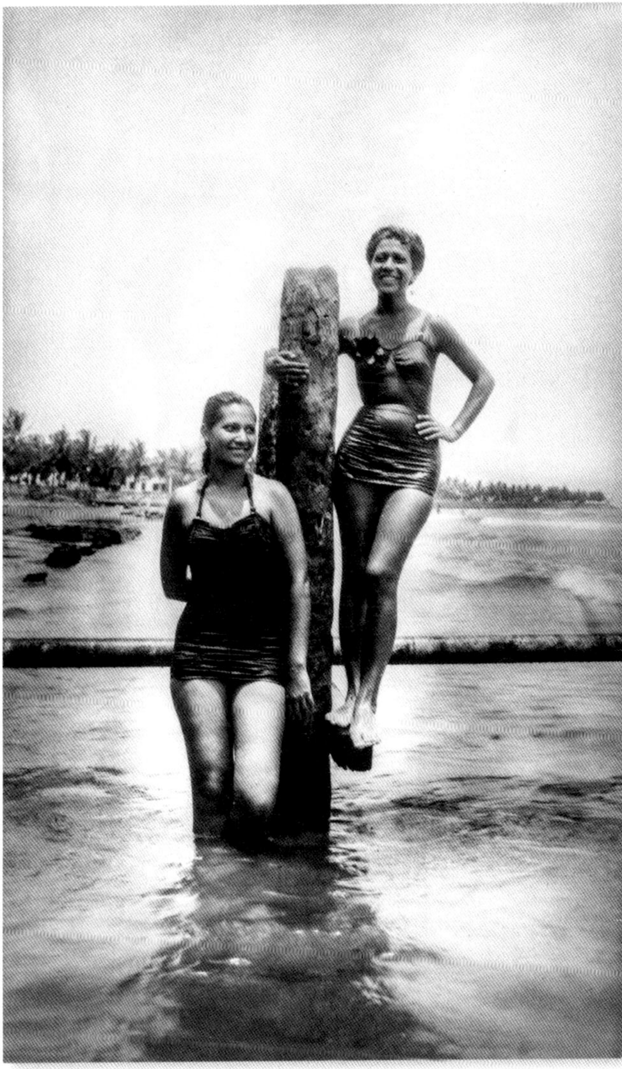

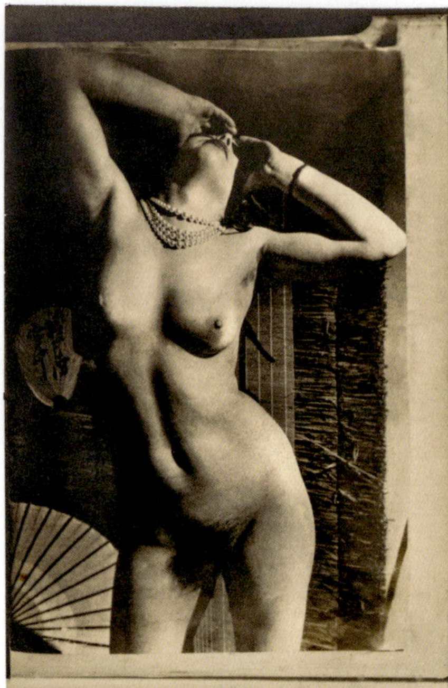

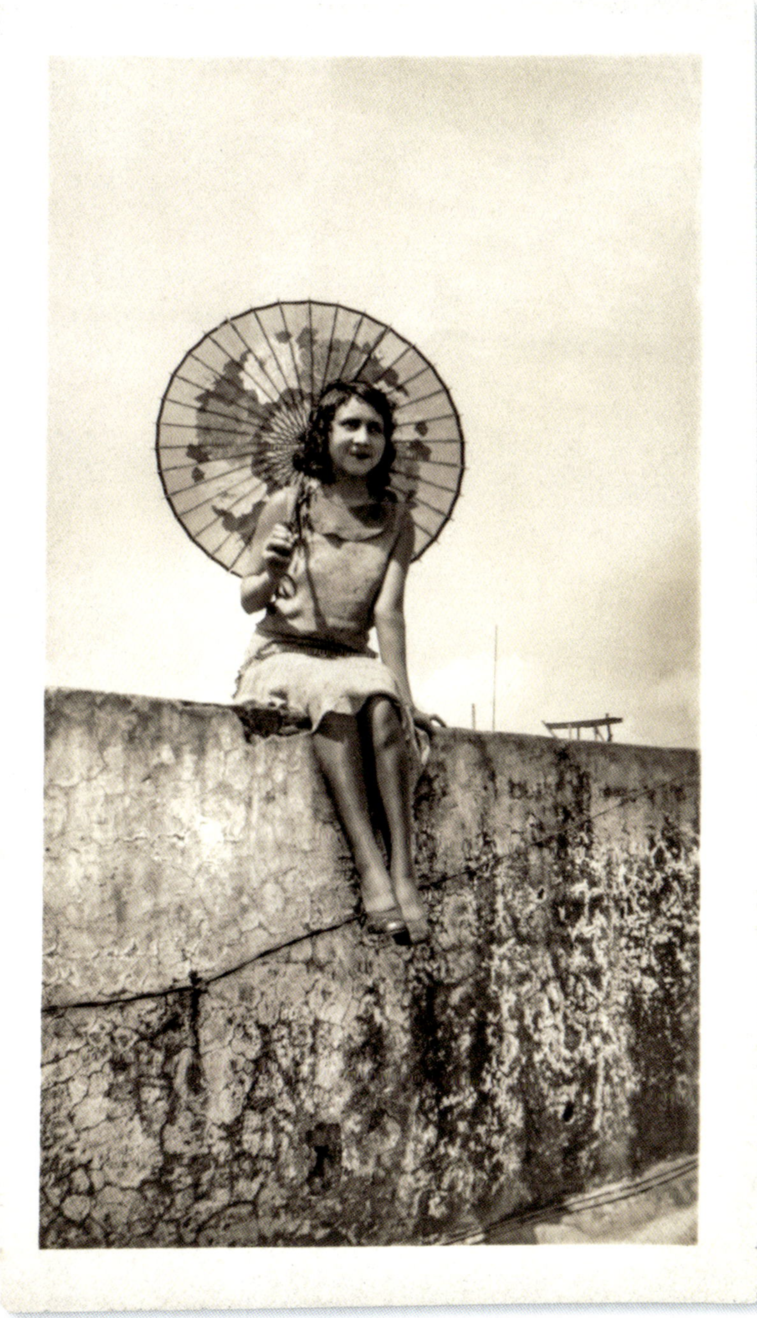

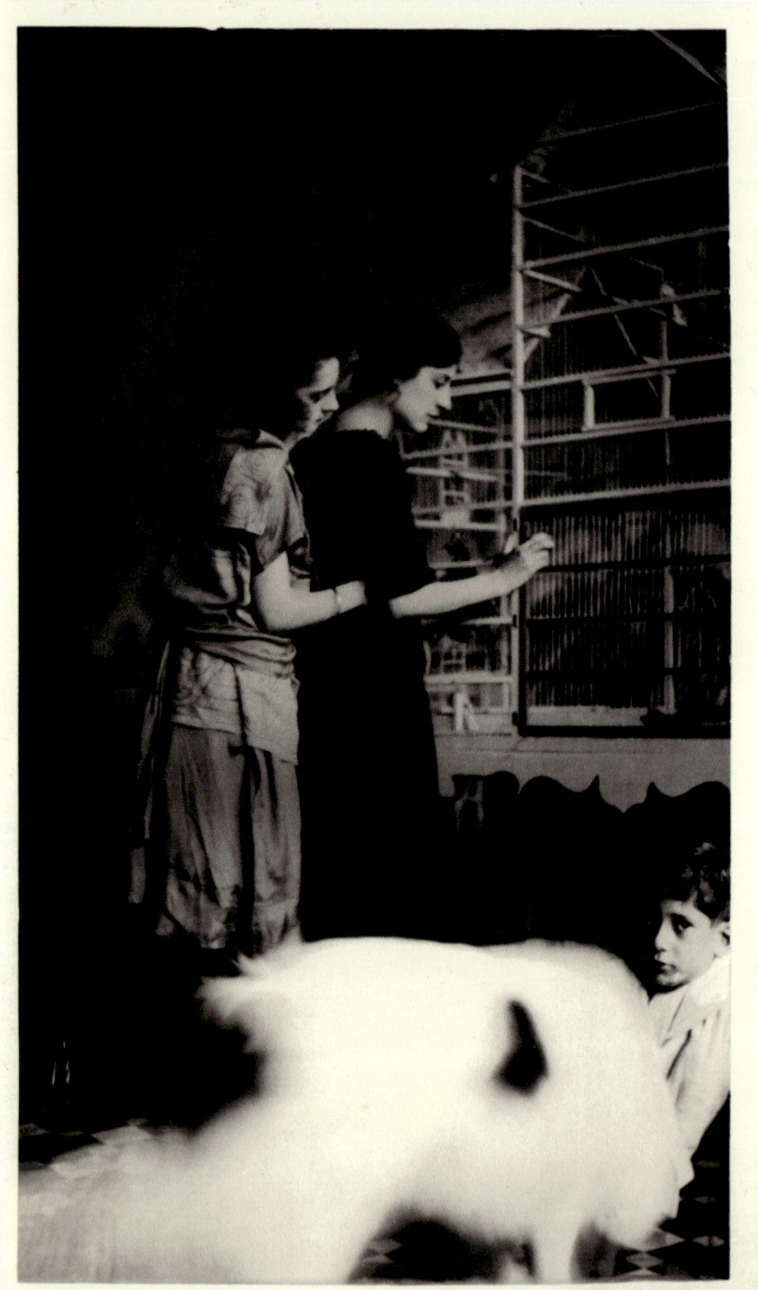

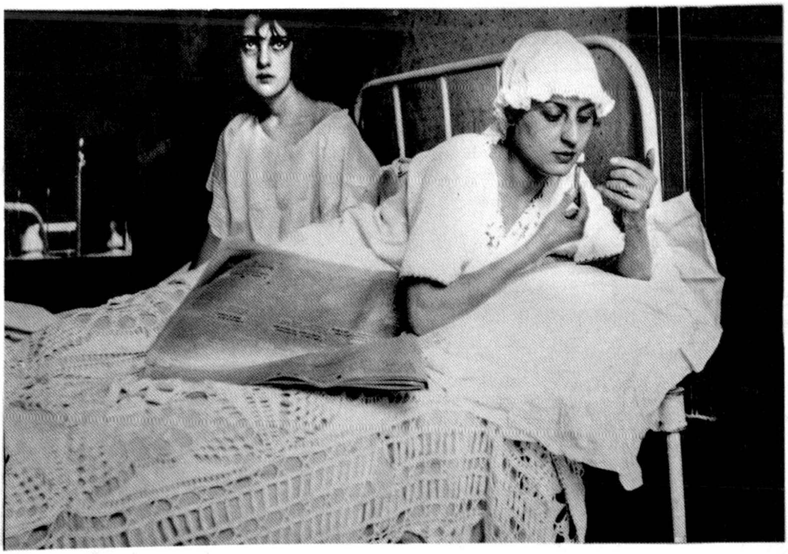

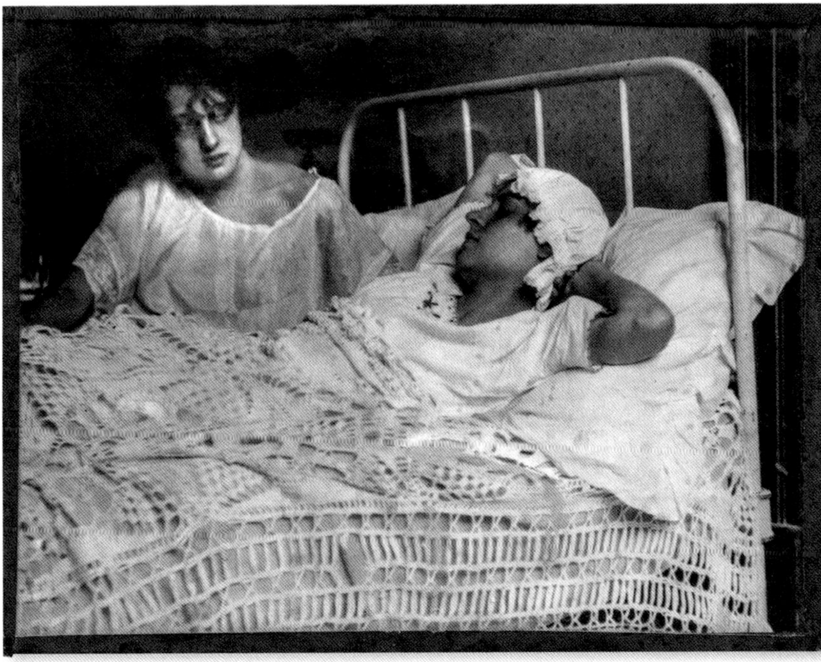

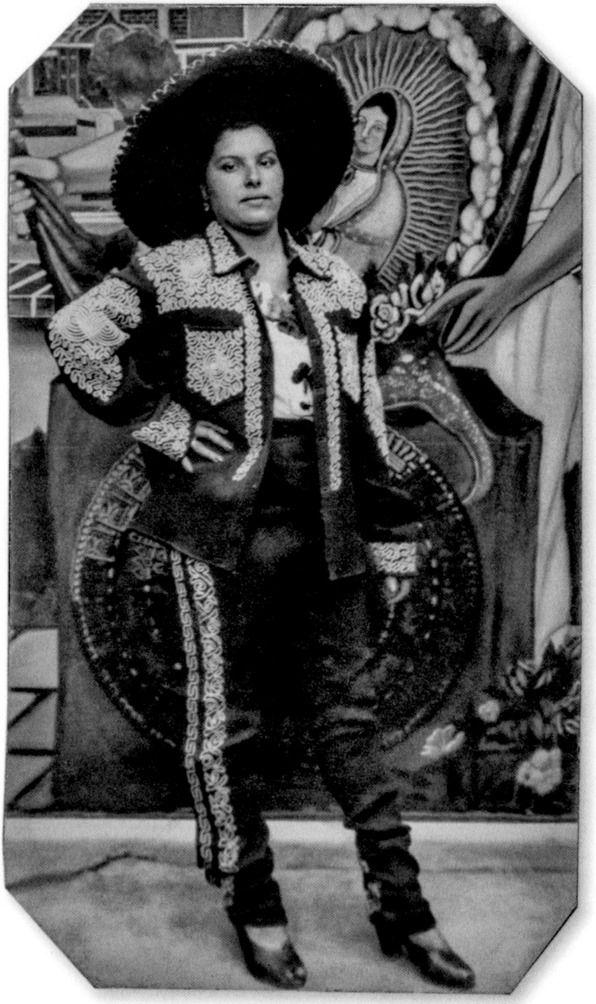

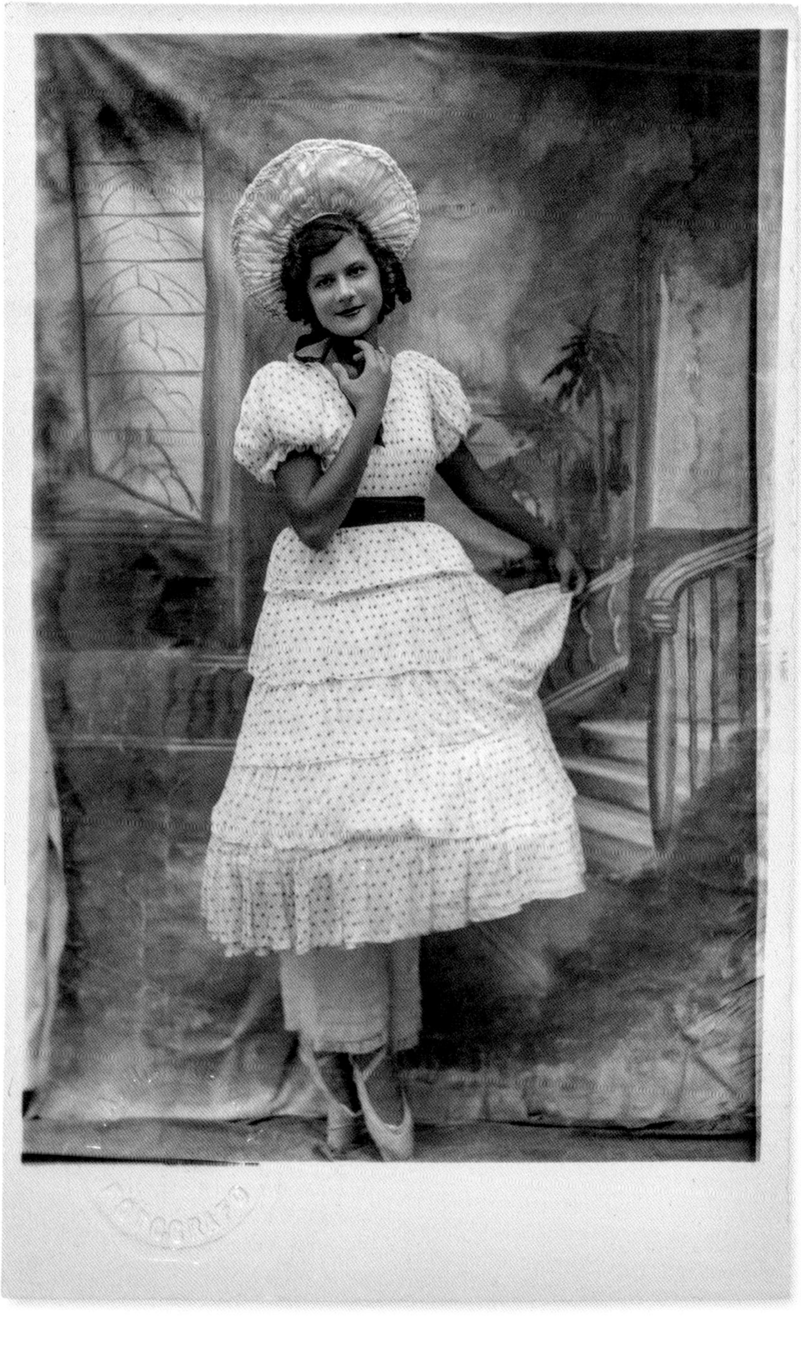

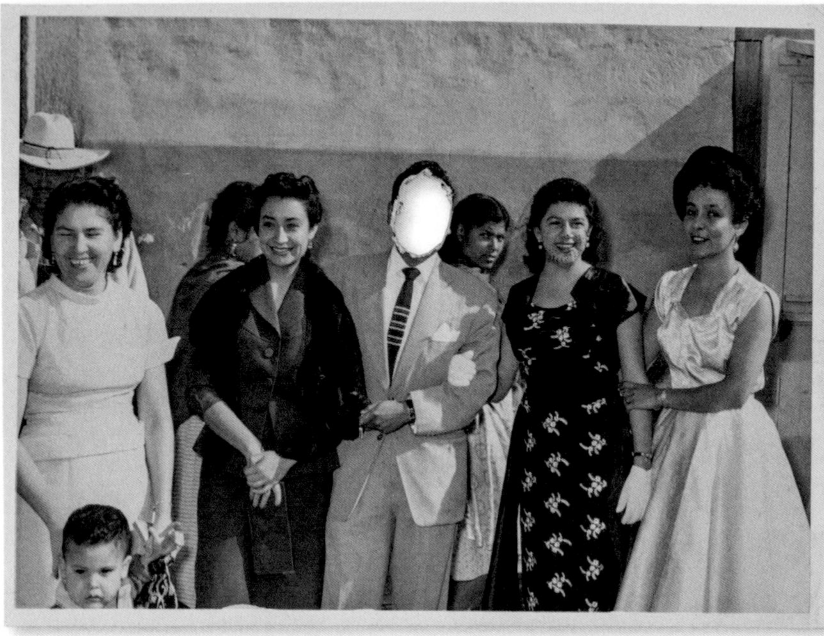

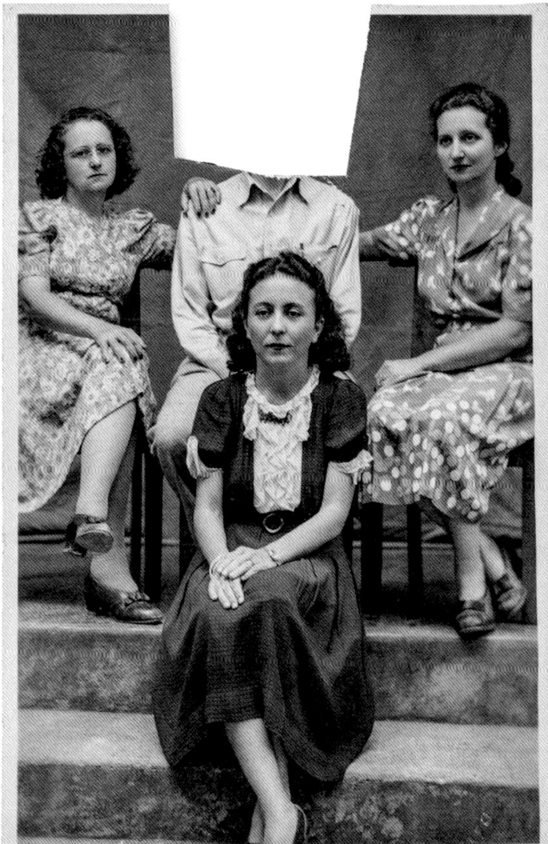

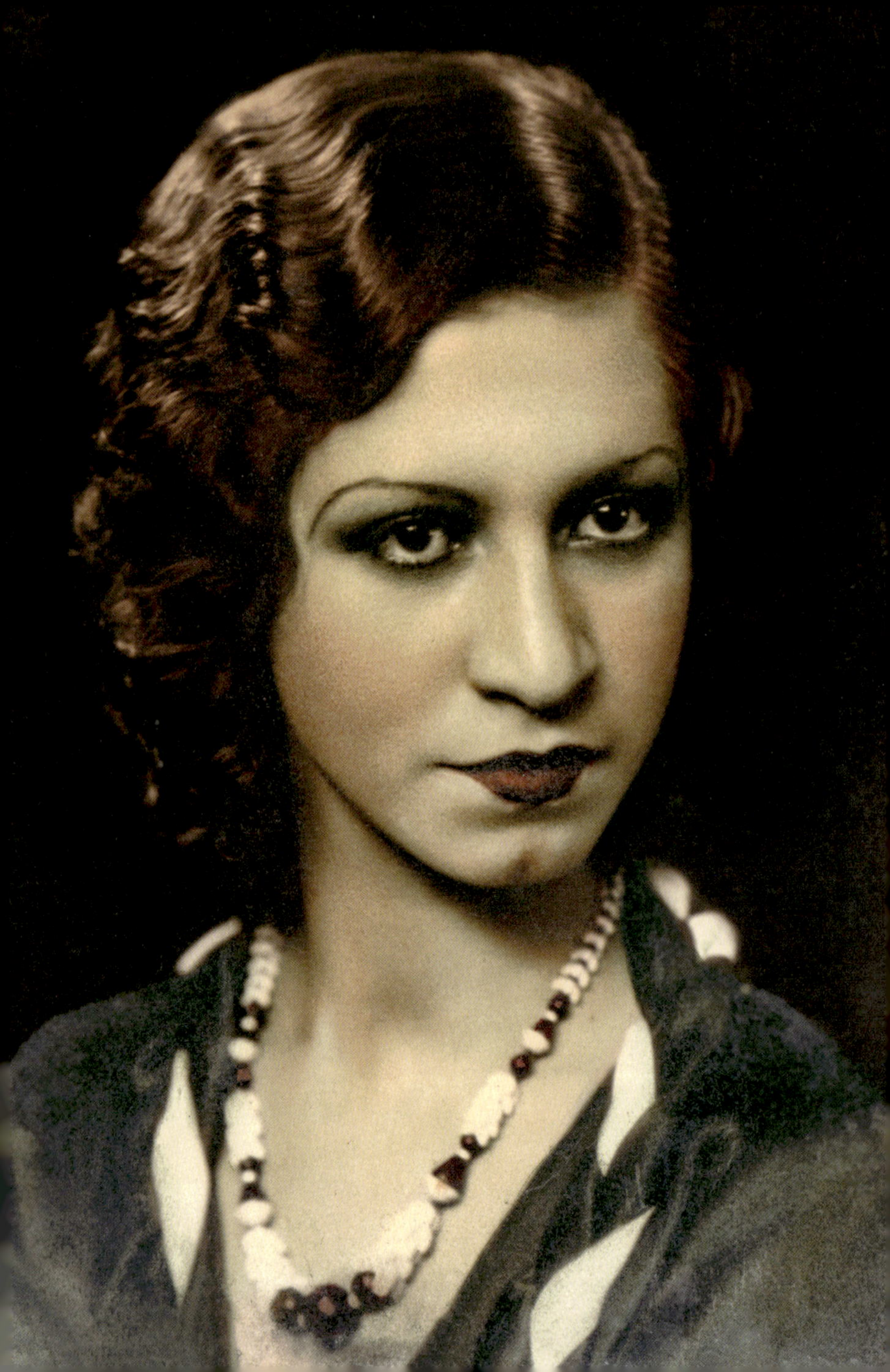

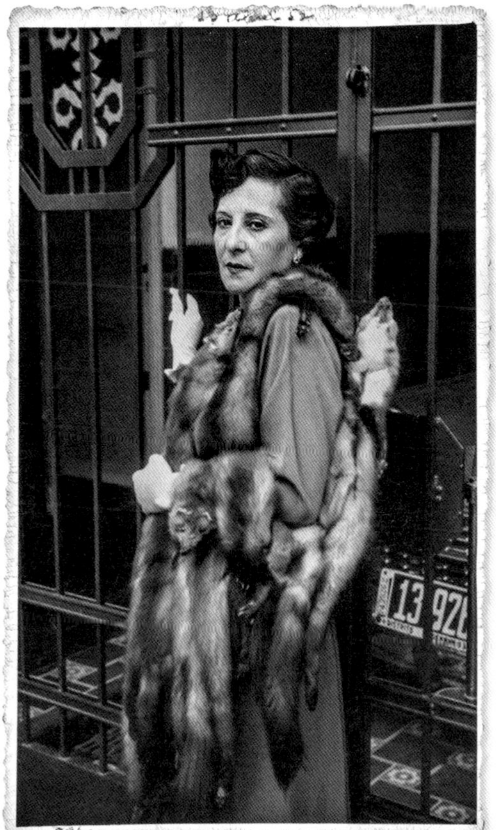

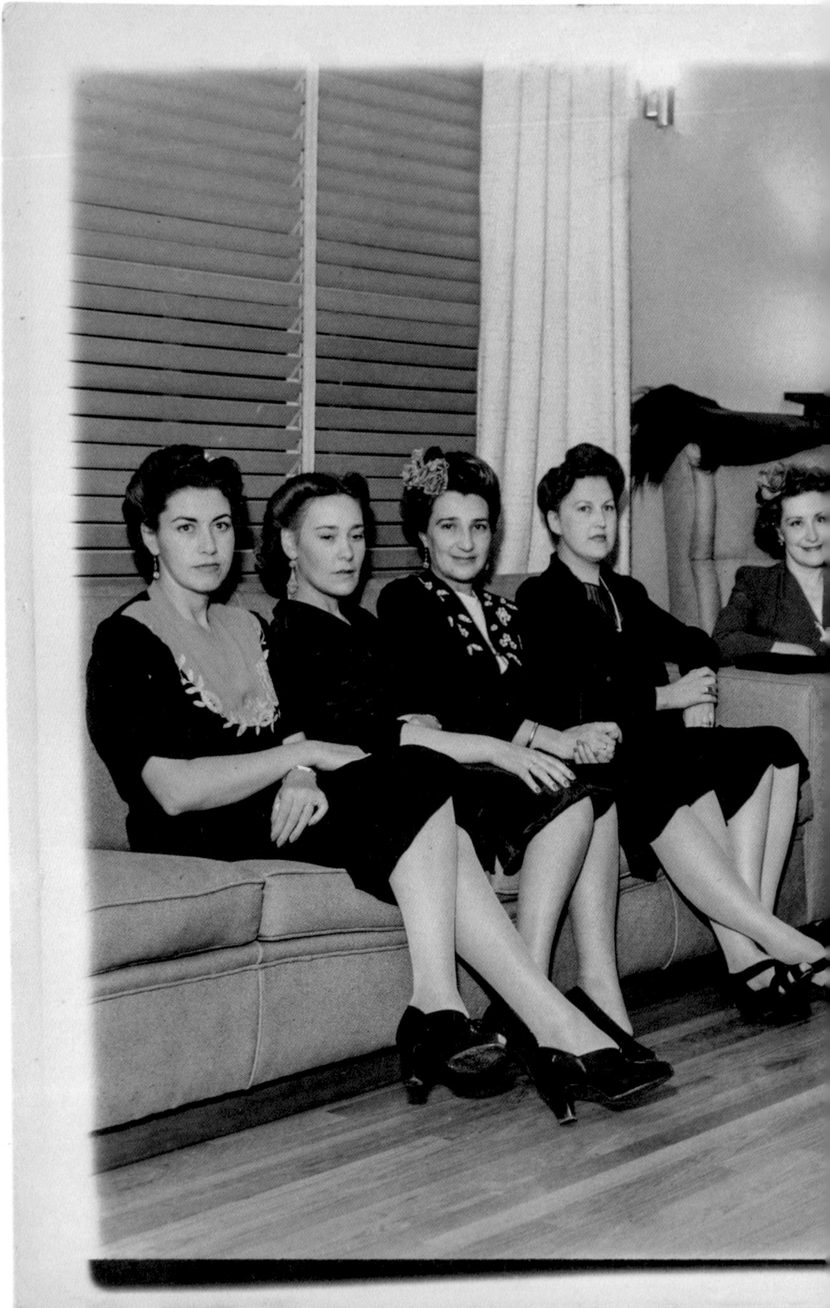

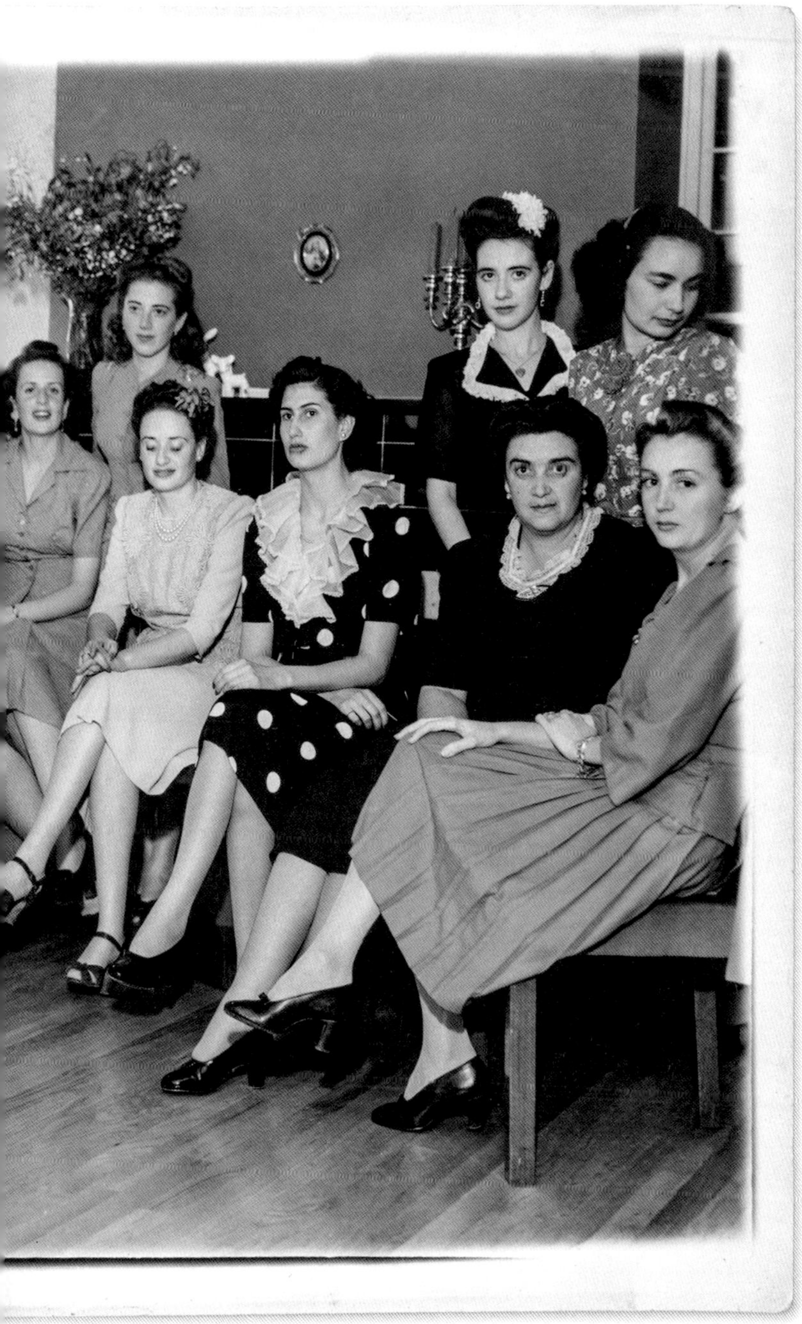

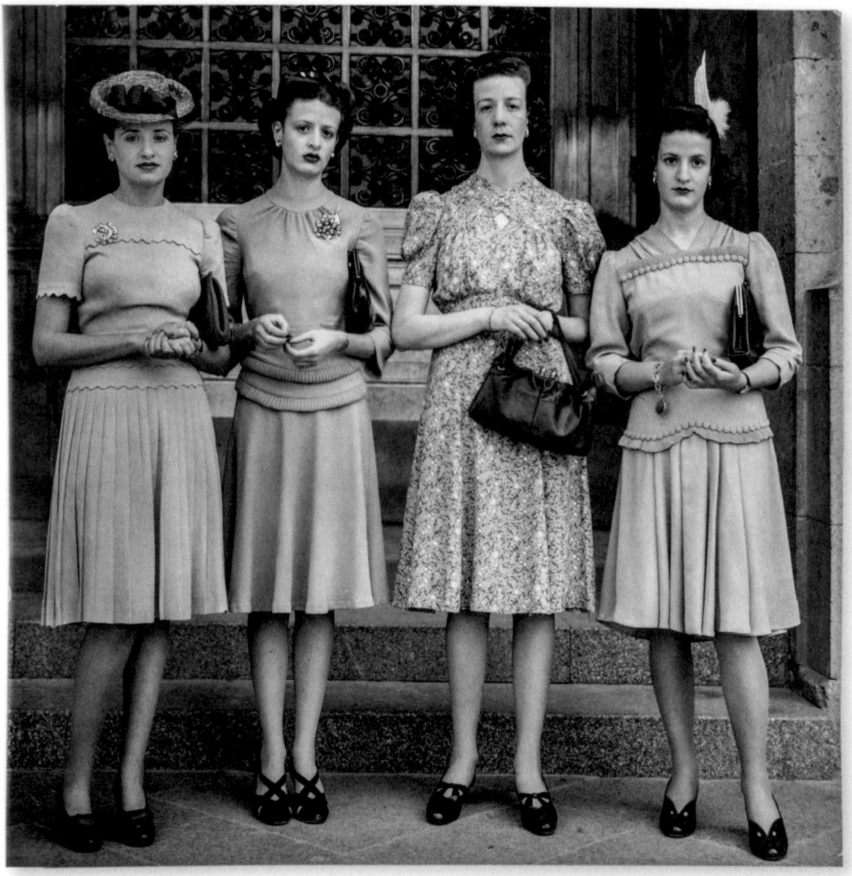

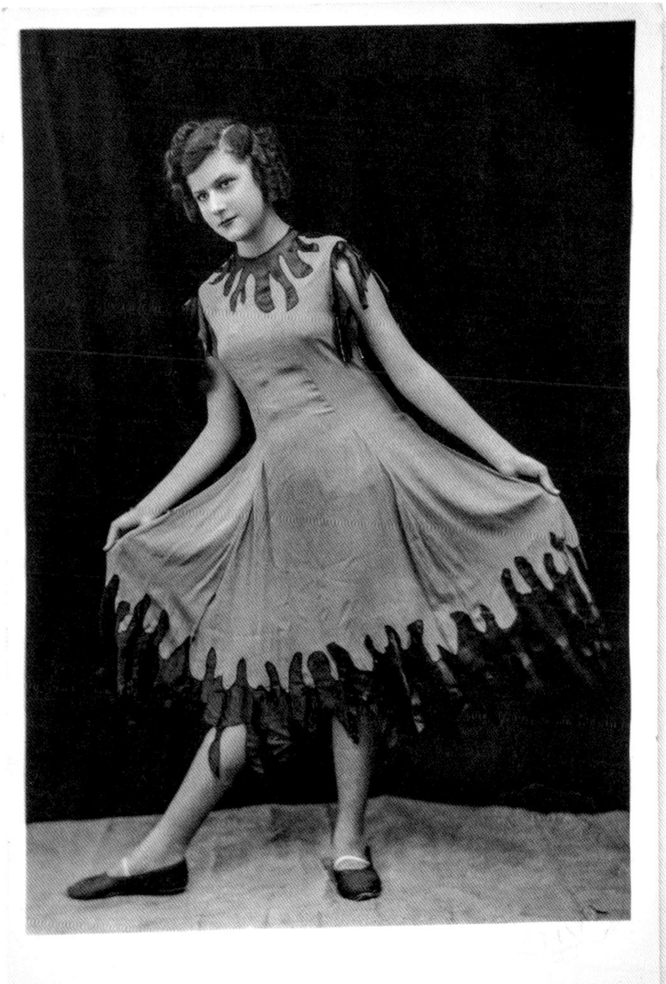

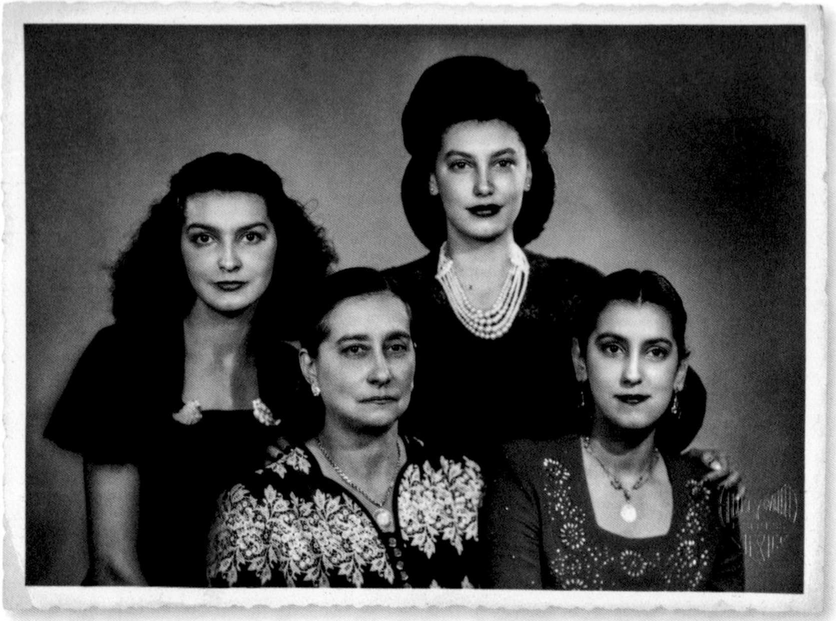

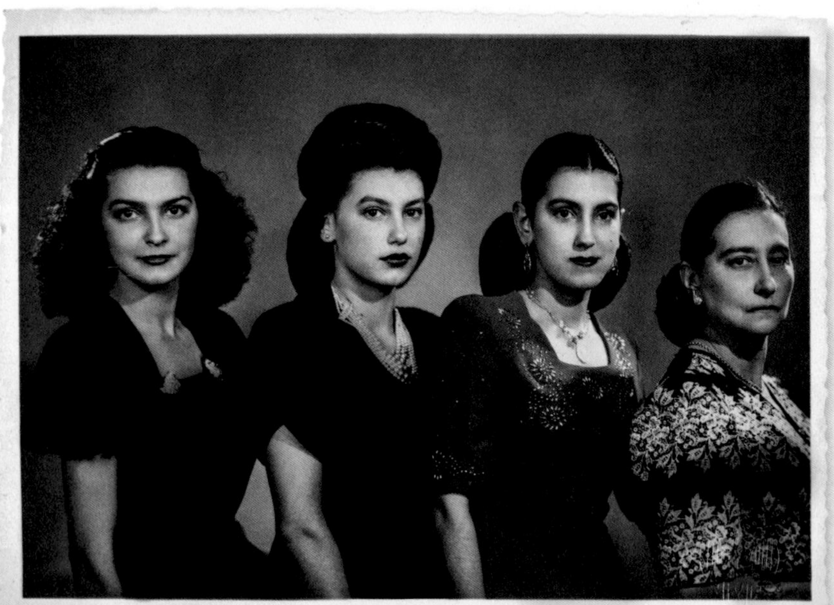

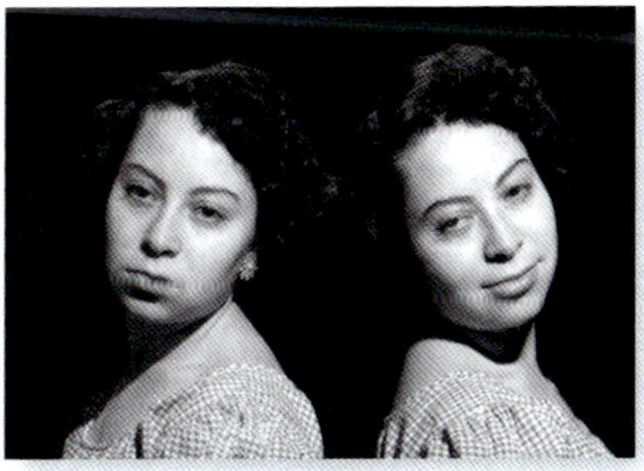
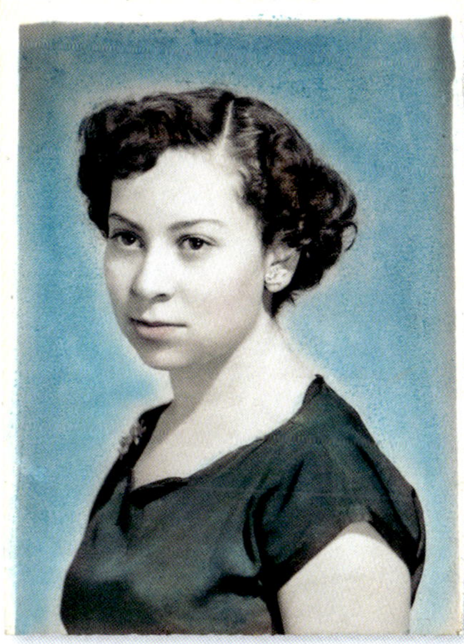
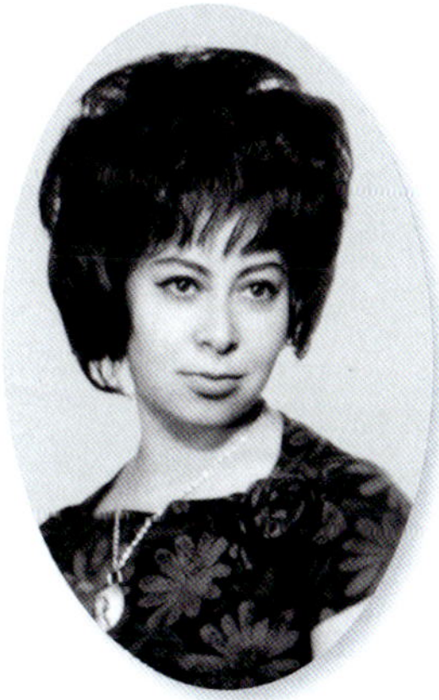
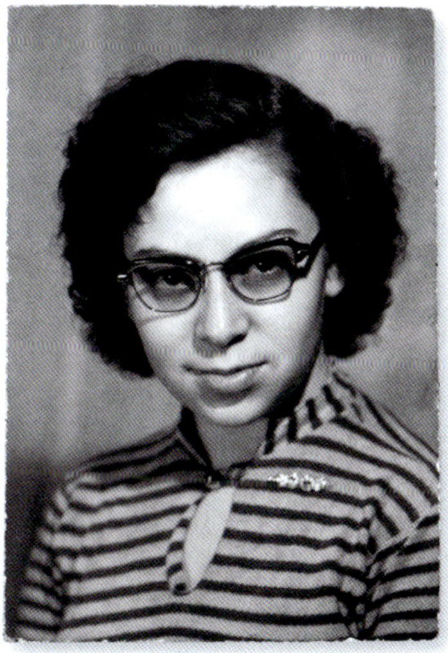
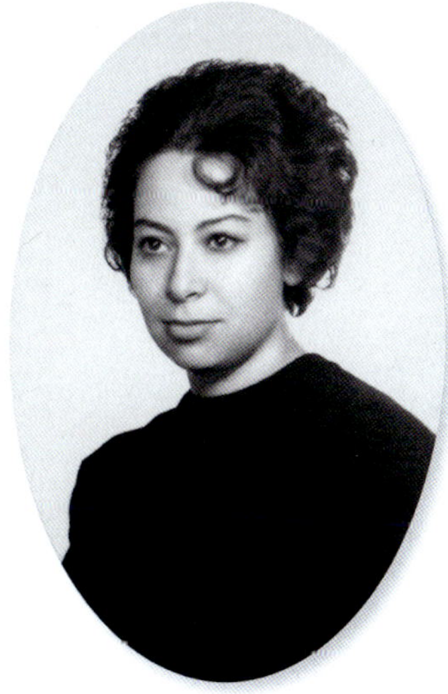

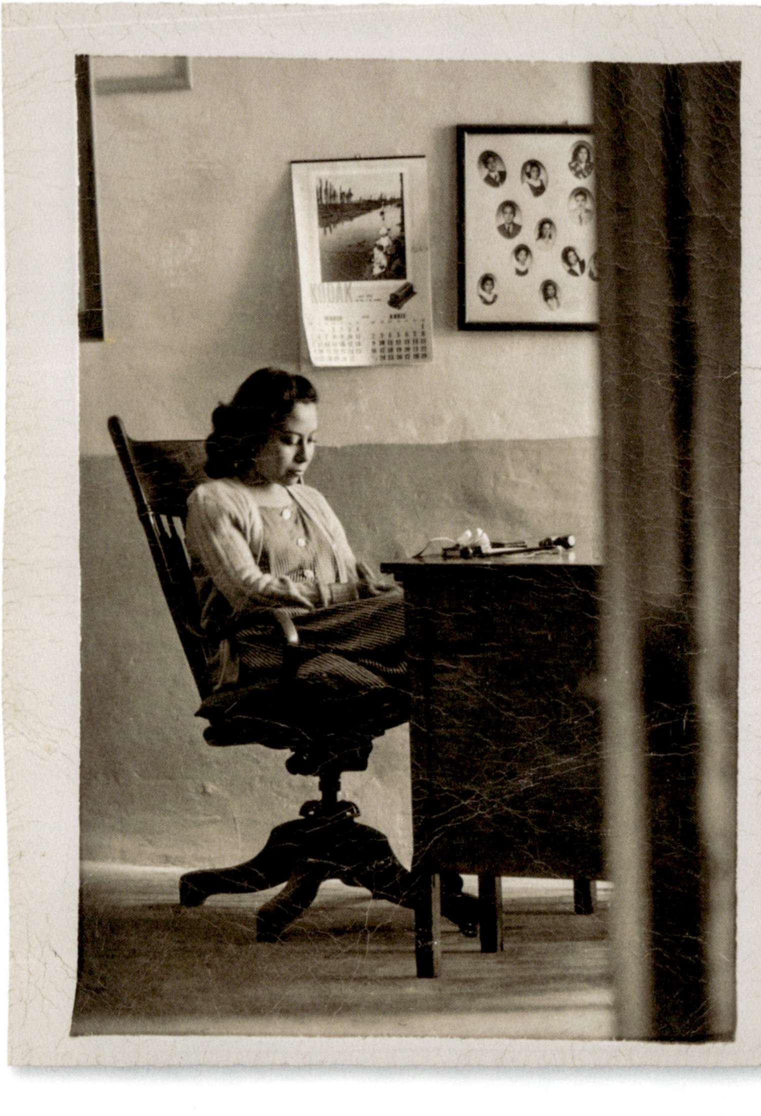
KODAK

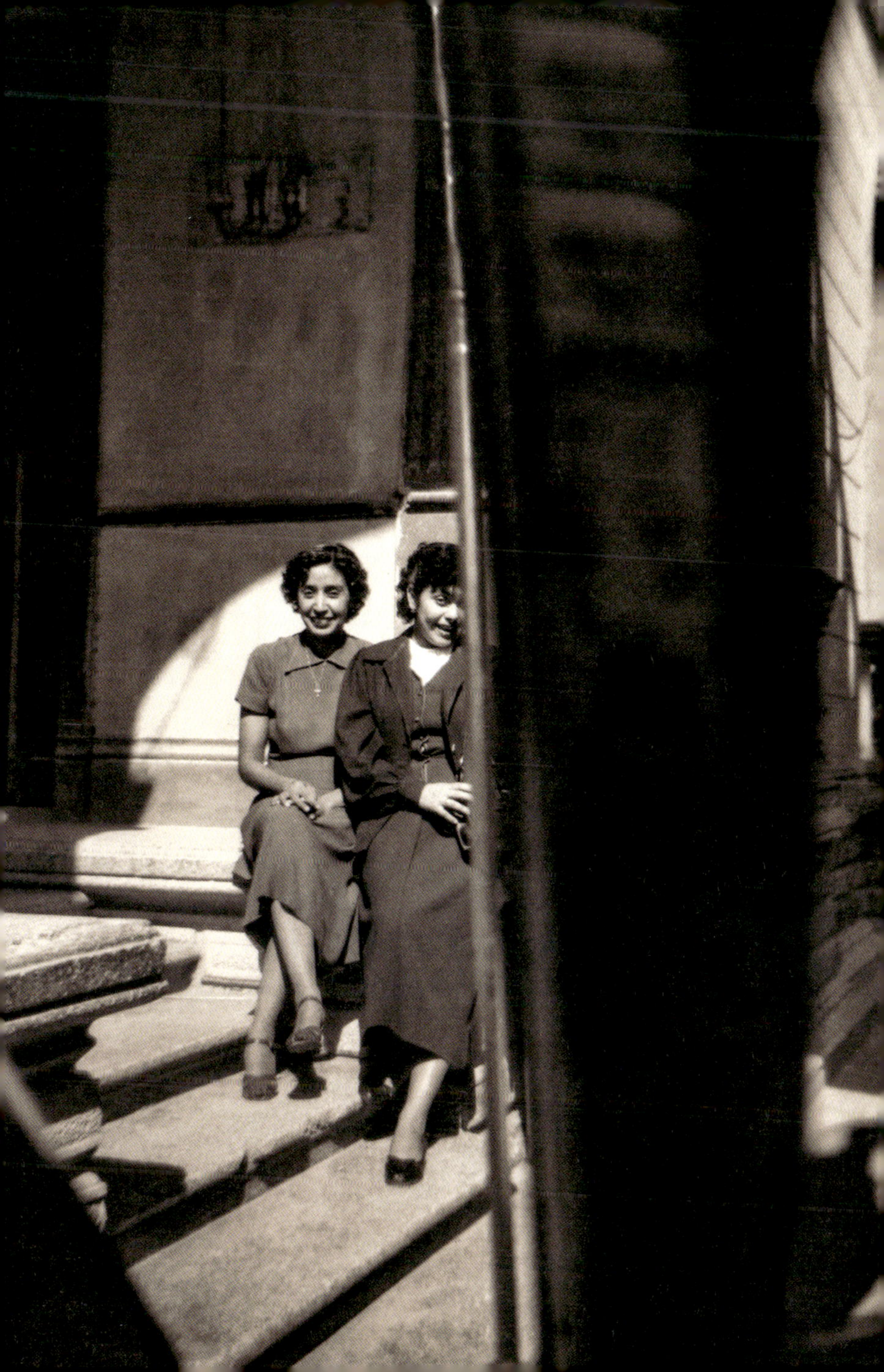

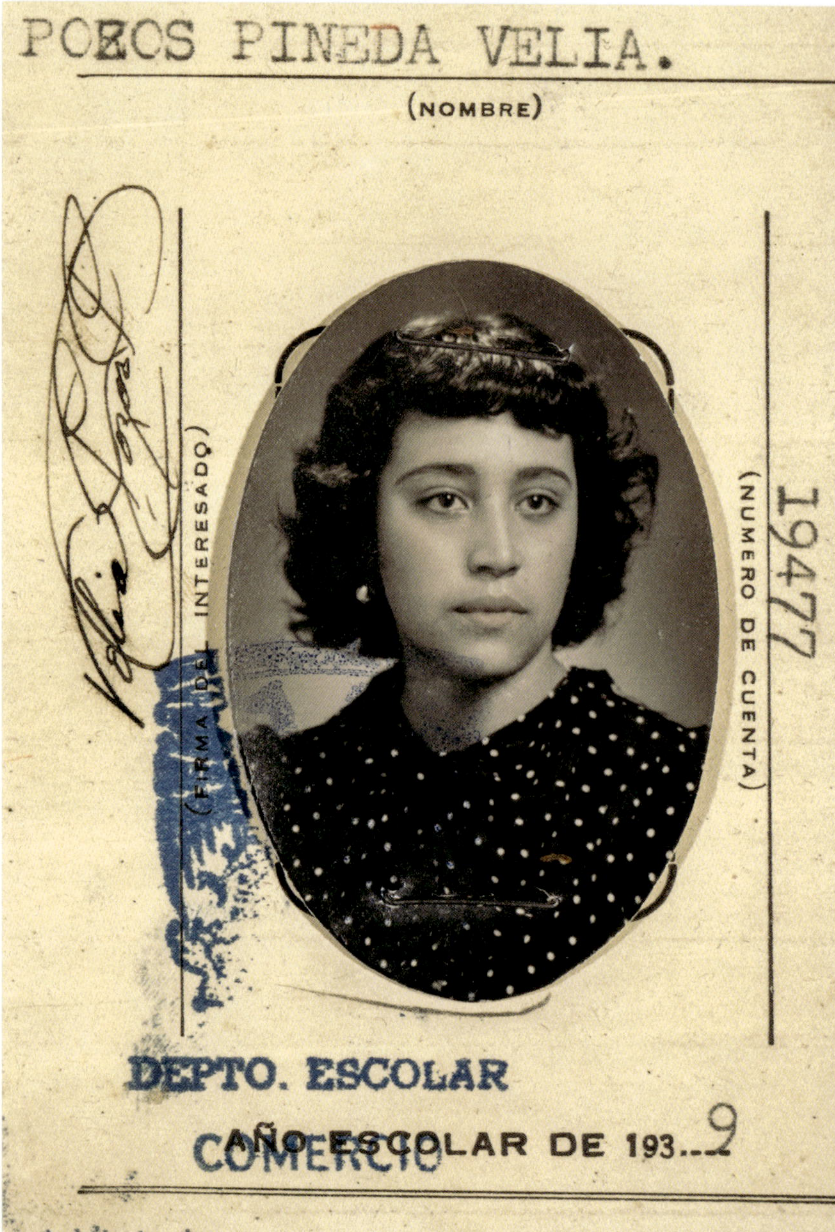

POZOS PINEDA VELIA.

(NOMBRE)

(FIRMA DEL INTERESADO)

19477

(NUMERO DE CUENTA)

DEPTO. ESCOLAR

AÑO ESCOLAR DE 193...9

COMERCIO

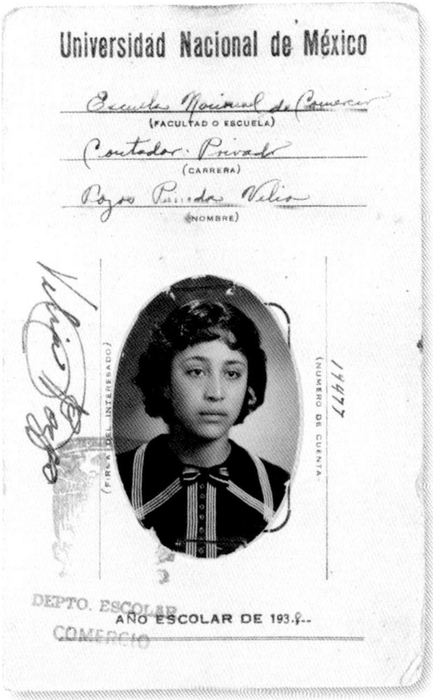
Universidad Nacional de México
Escuela Nacional de Comercio
(FACULTAD O ESCUELA)
Contador Privado
(CARRERA)
Pozos Pineda Velia
(NOMBRE)
(FIRMA DEL INTERESADO)
(NUMERO DE CUENTA) 19477
DEPTO. ESCOLAR
AÑO ESCOLAR DE 193...
COMERCIO

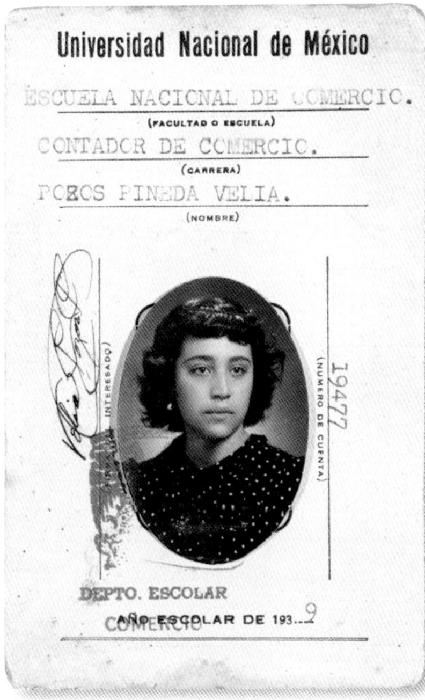
Universidad Nacional de México
ESCUELA NACIONAL DE COMERCIO.
(FACULTAD O ESCUELA)
CONTADOR DE COMERCIO.
(CARRERA)
POZOS PINEDA VELIA.
(NOMBRE)
(FIRMA DEL INTERESADO)
(NUMERO DE CUENTA) 19477
DEPTO. ESCOLAR
AÑO ESCOLAR DE 193..9
COMERCIO

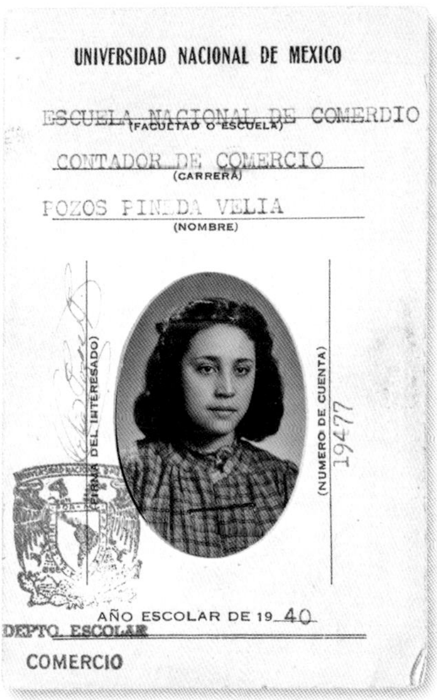
UNIVERSIDAD NACIONAL DE MEXICO
ESCUELA NACIONAL DE COMERDIO
(FACULTAD O ESCUELA)
CONTADOR DE COMERCIO
(CARRERA)
POZOS PINEDA VELIA
(NOMBRE)
(FIRMA DEL INTERESADO)
(NUMERO DE CUENTA) 19477
AÑO ESCOLAR DE 19 40
DEPTO. ESCOLAR
COMERCIO

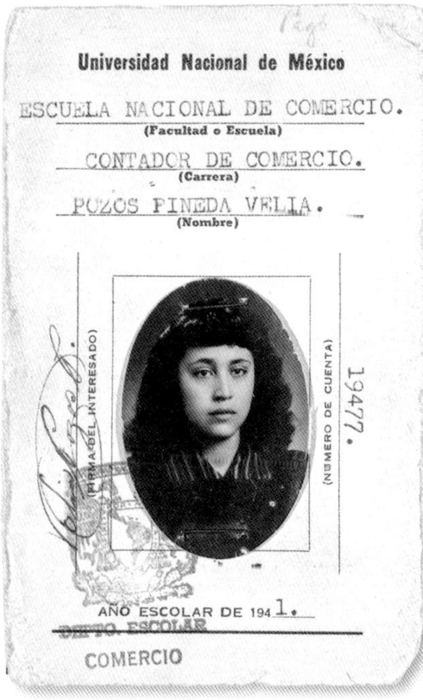
Universidad Nacional de México
ESCUELA NACIONAL DE COMERCIO.
(Facultad o Escuela)
CONTADOR DE COMERCIO.
(Carrera)
POZOS PINEDA VELIA.
(Nombre)
(FIRMA DEL INTERESADO)
(NUMERO DE CUENTA) 19477.
AÑO ESCOLAR DE 194 1.
DEPTO. ESCOLAR
COMERCIO

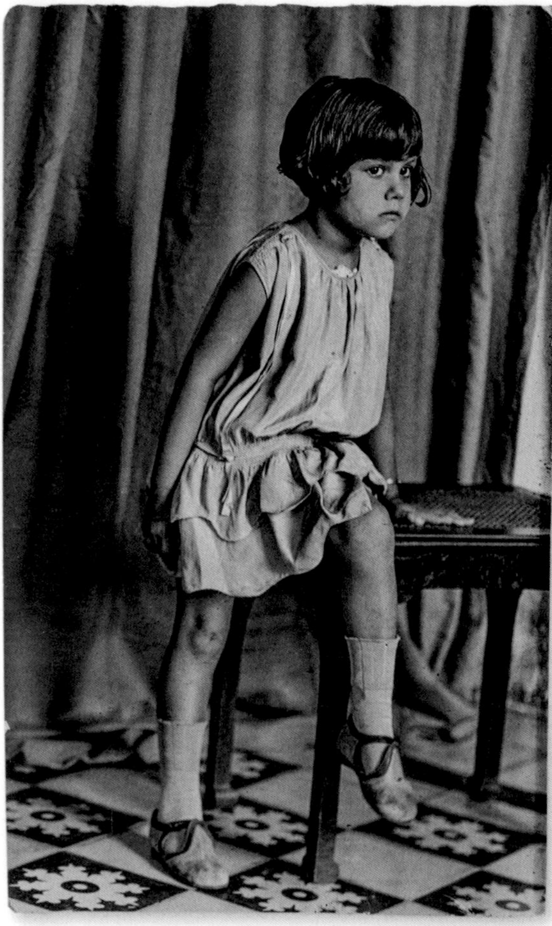

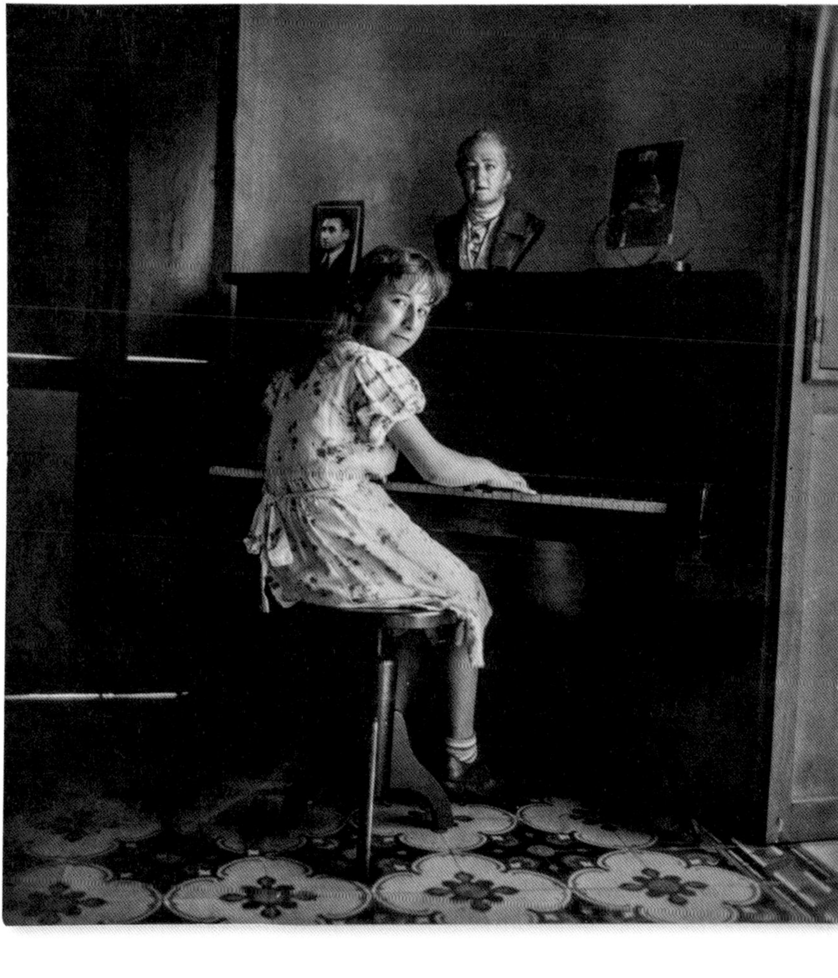

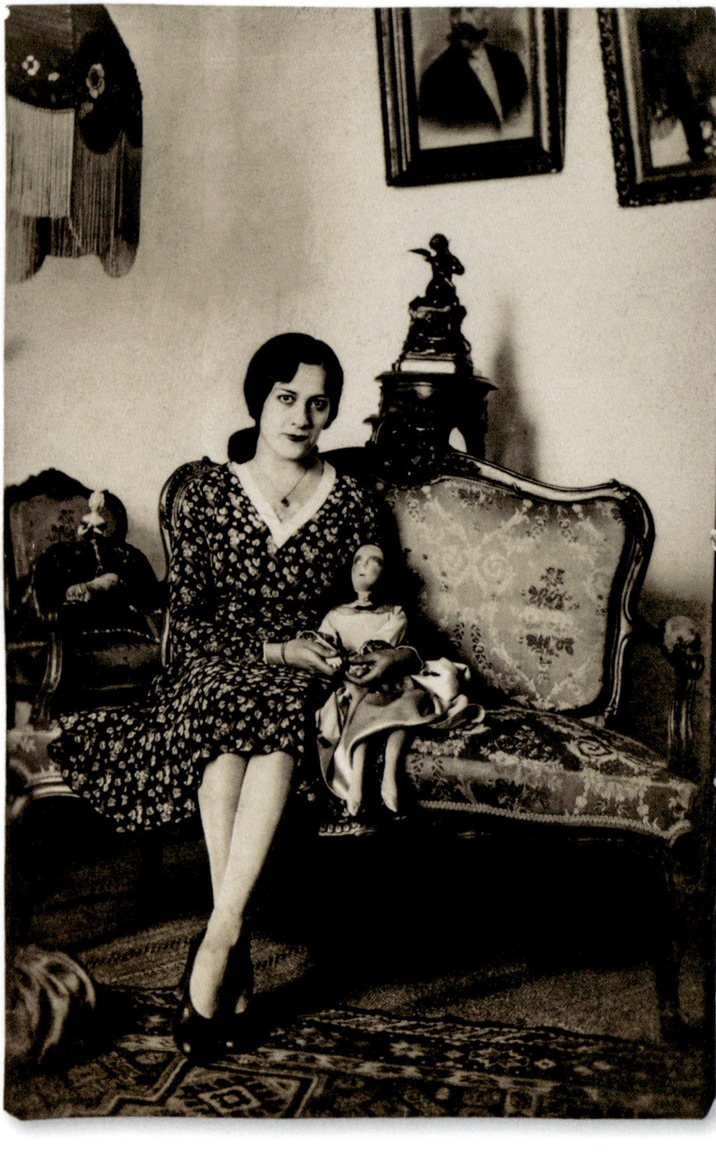

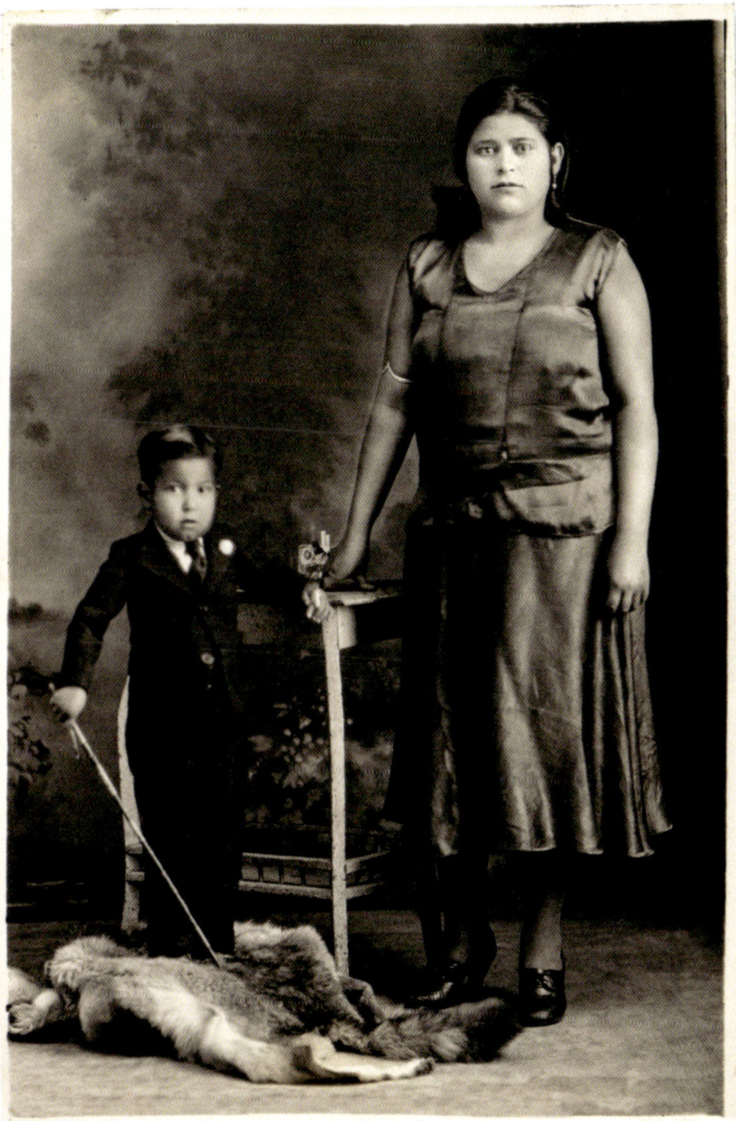

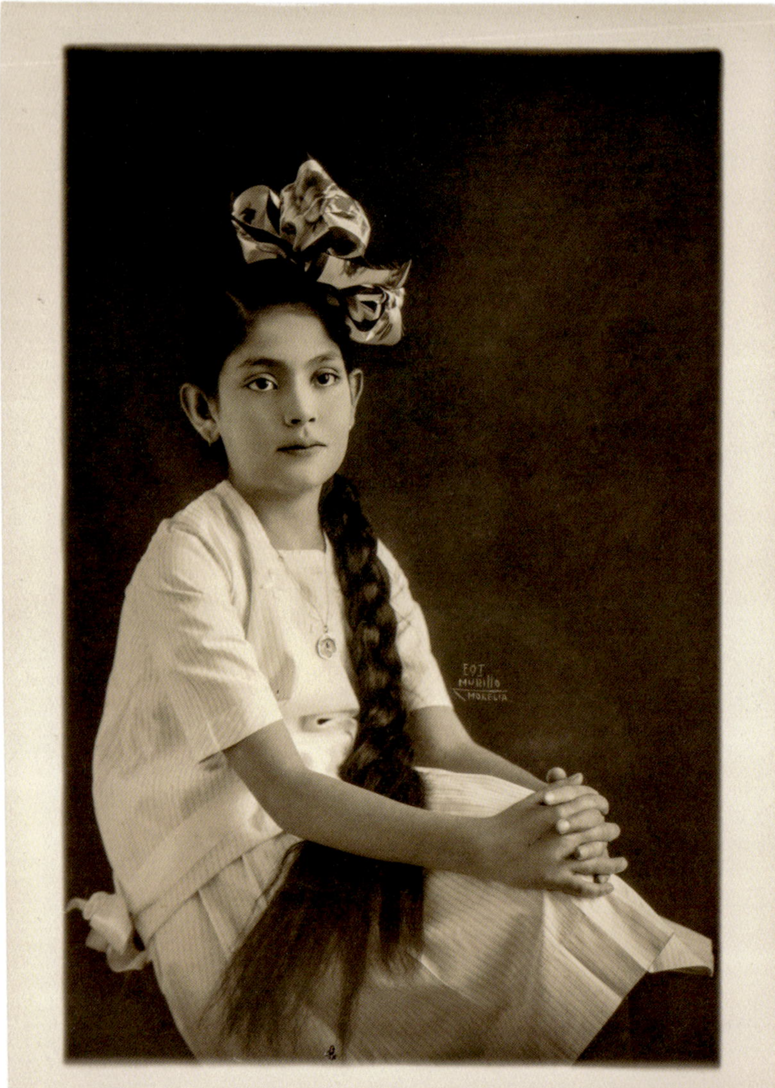
Murillo
Morelia

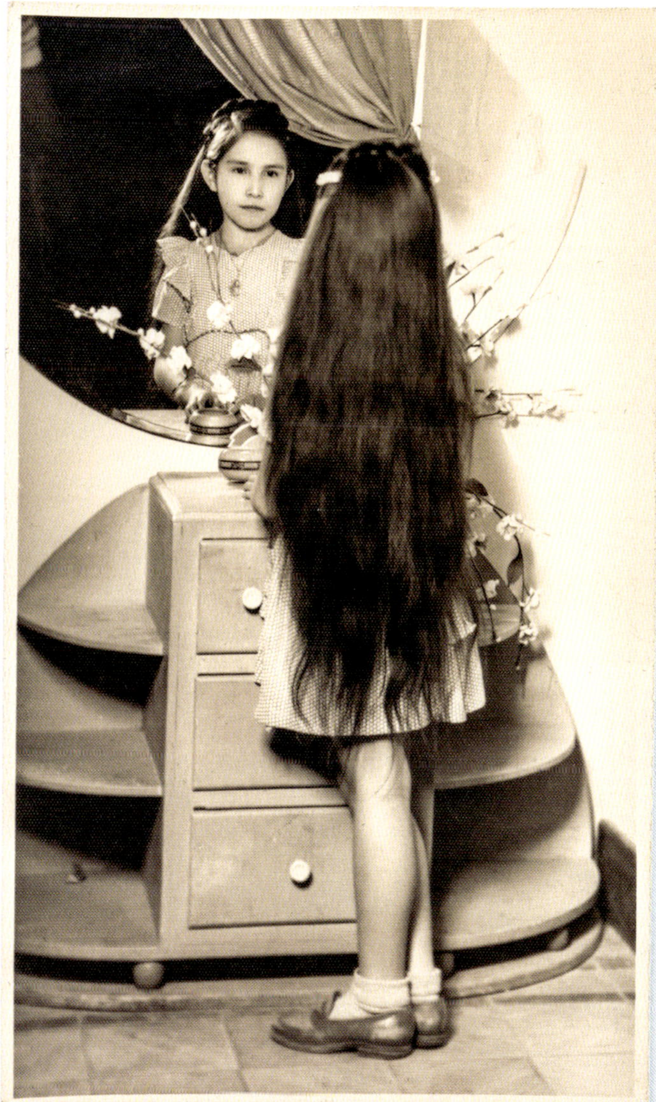

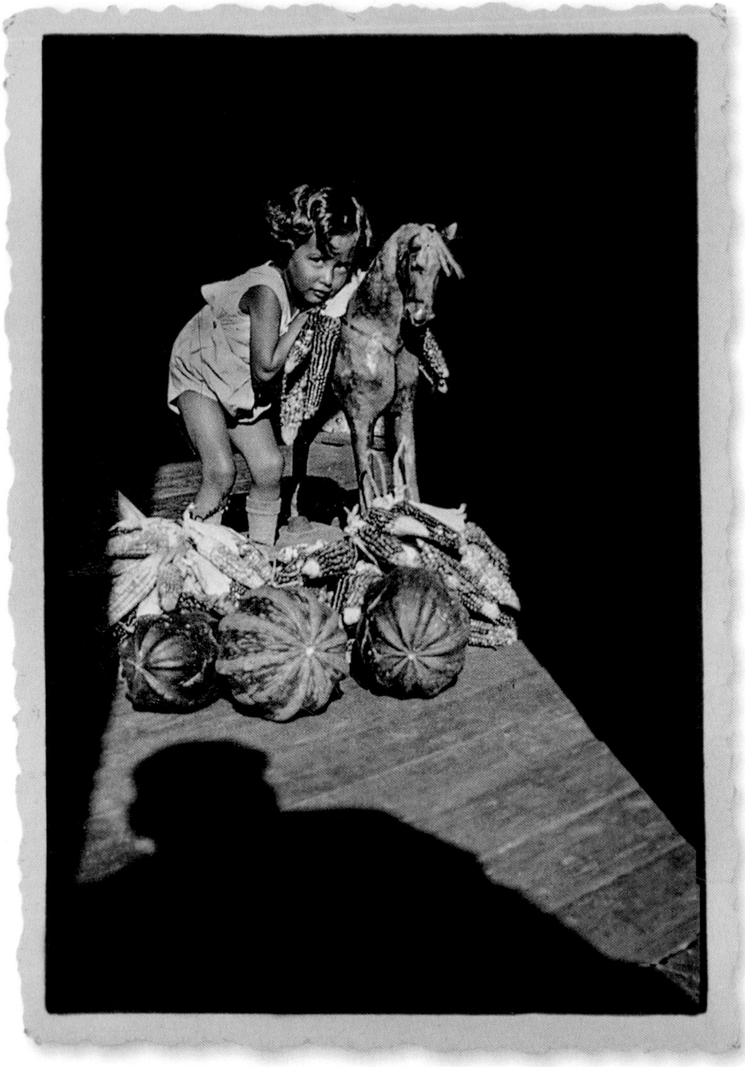

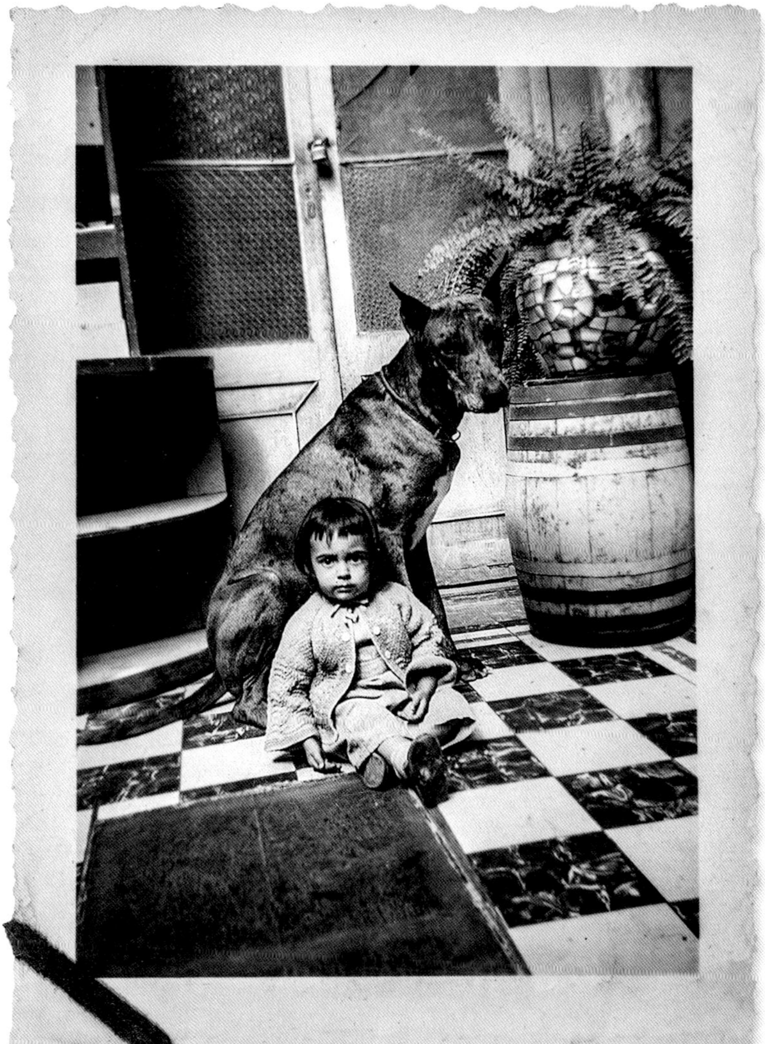

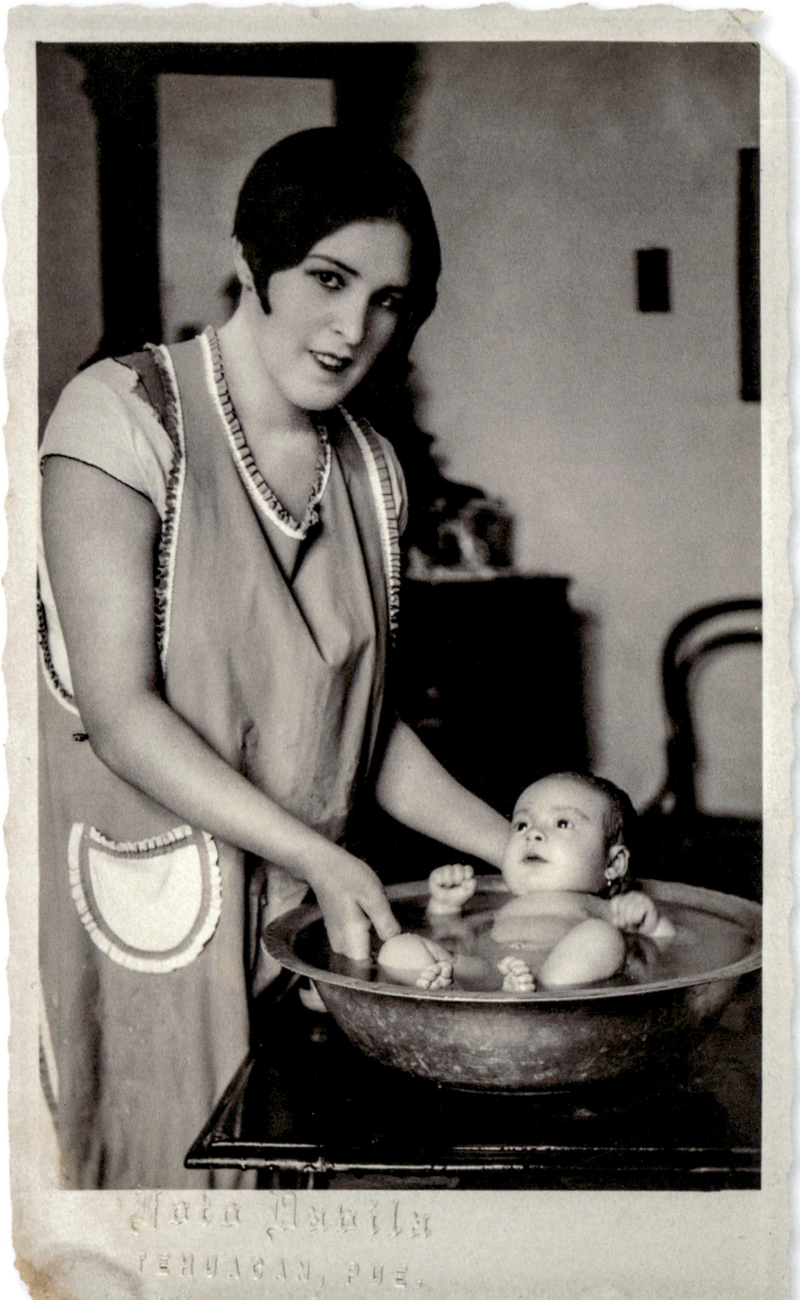
Foto Davila
TEHUACAN, PUE.

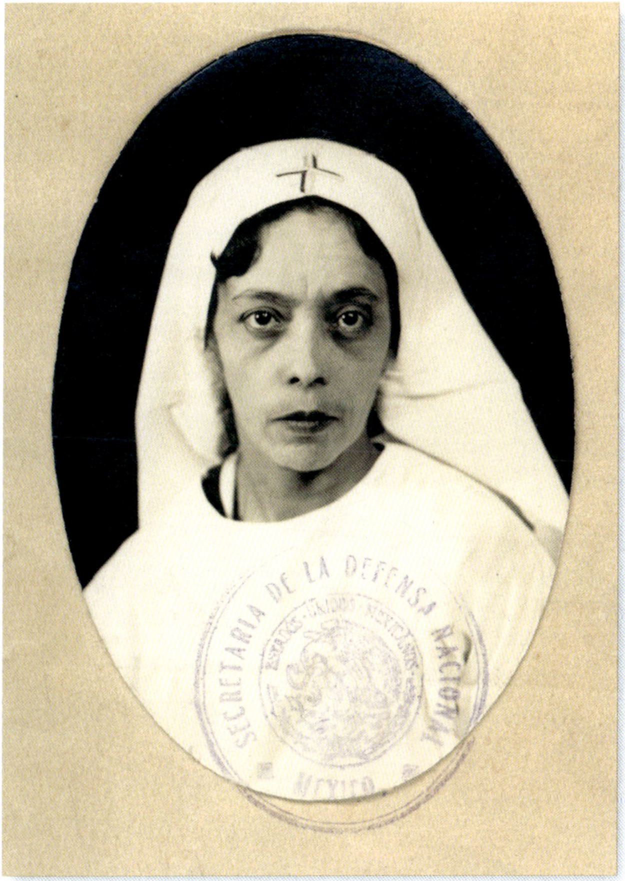
SECRETARIA DE LA DEFENSA NACIONAL
ESTADOS UNIDOS MEXICANOS
MEXICO

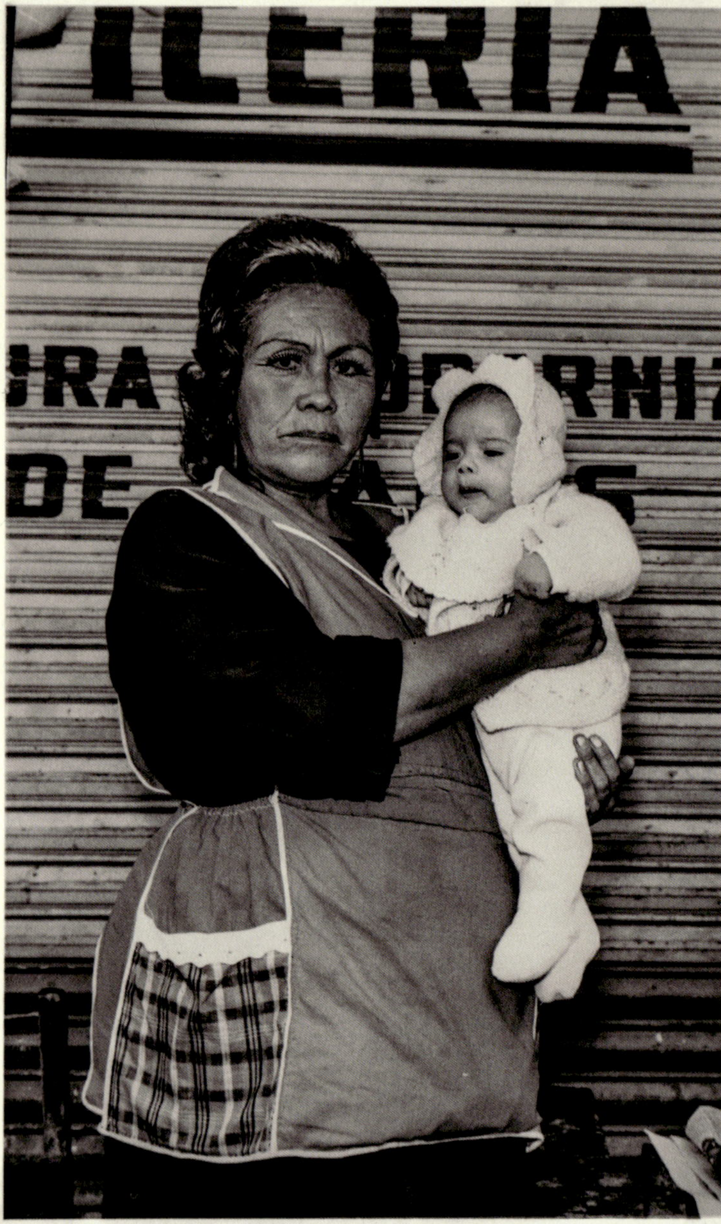
ILERIA
DE

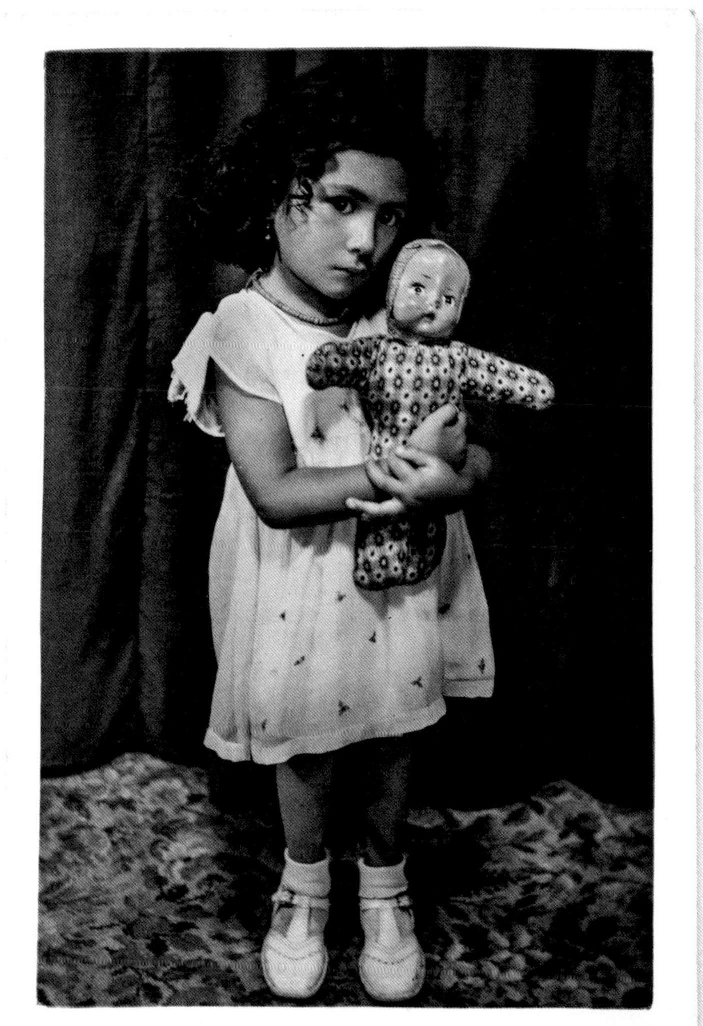

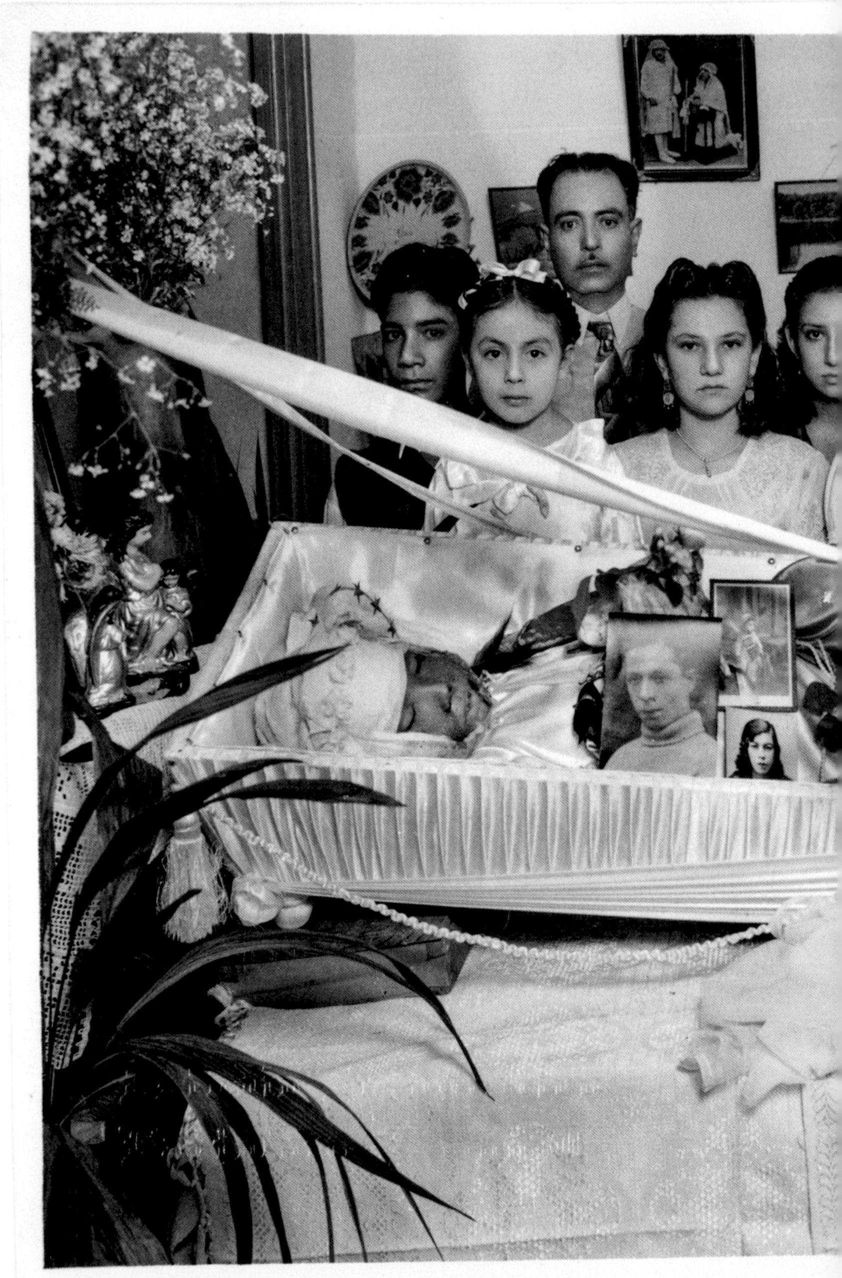

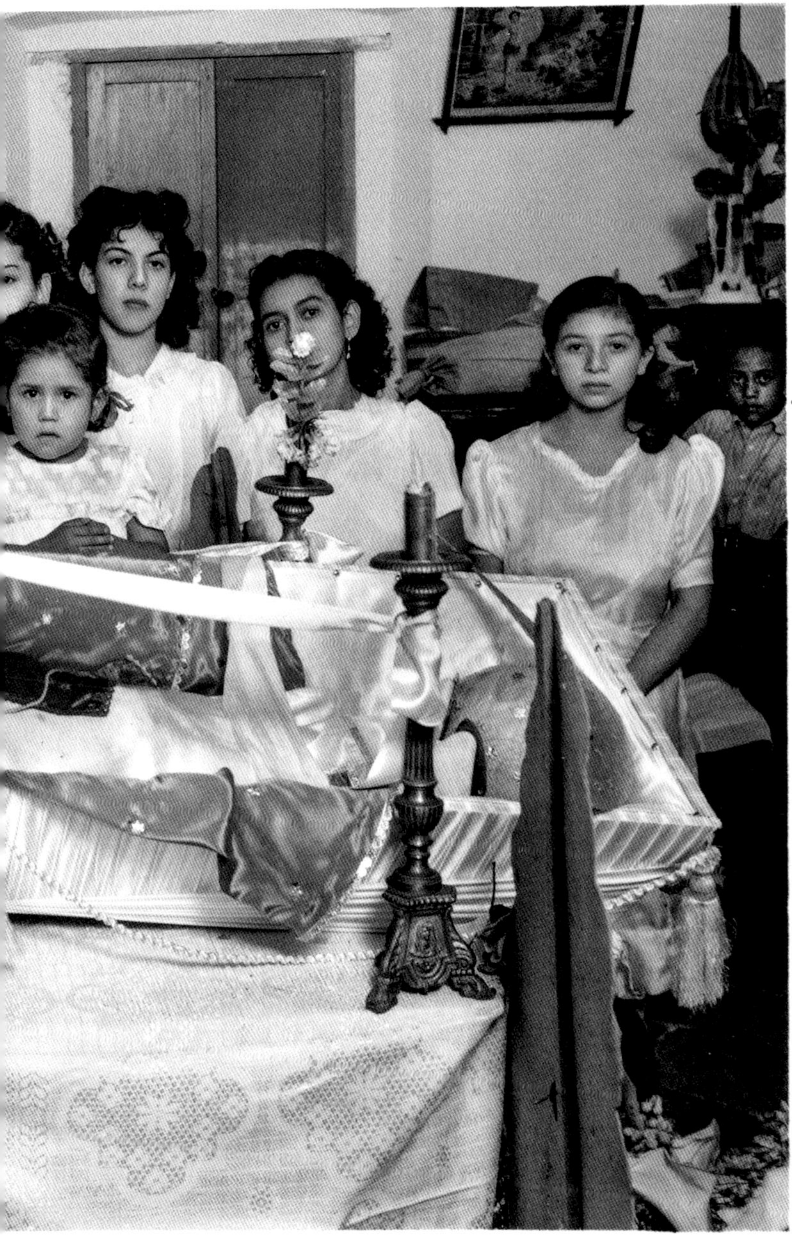

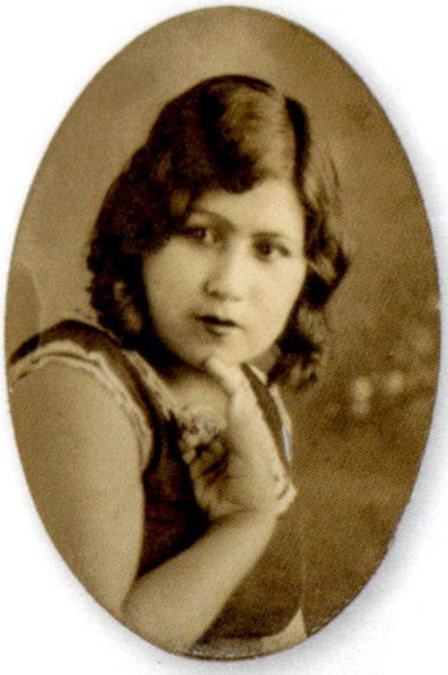
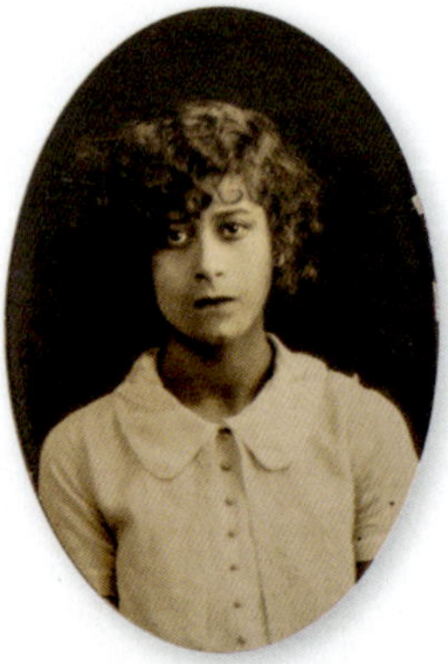
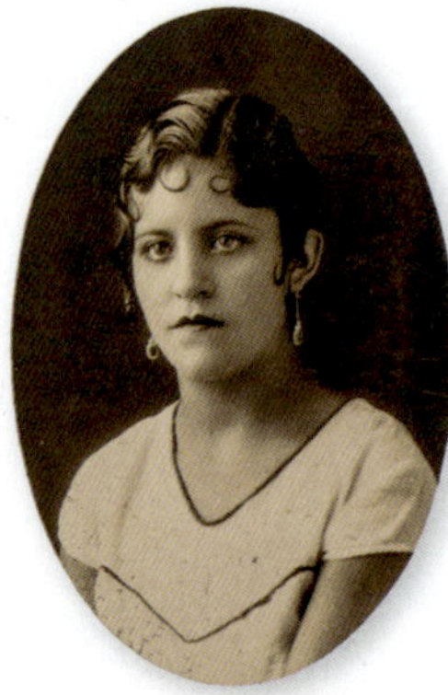
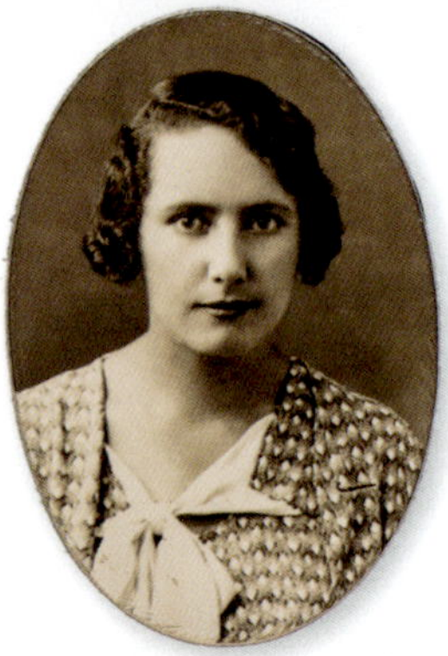
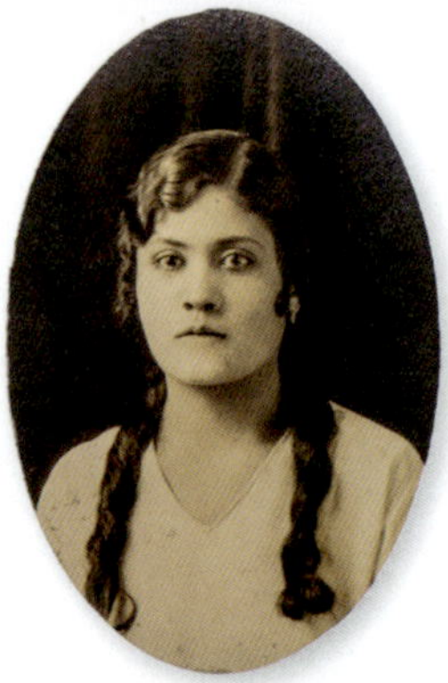
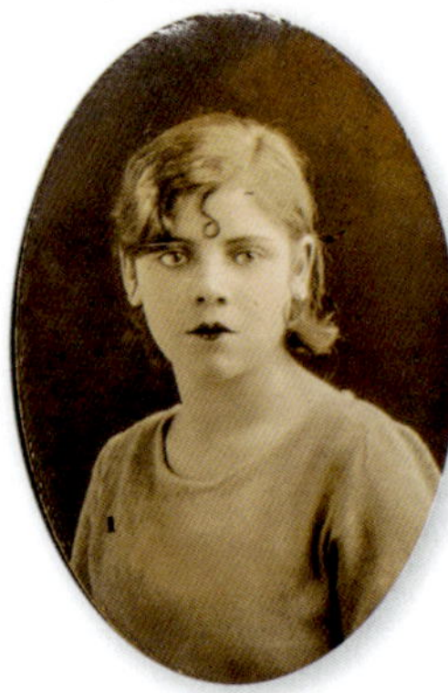
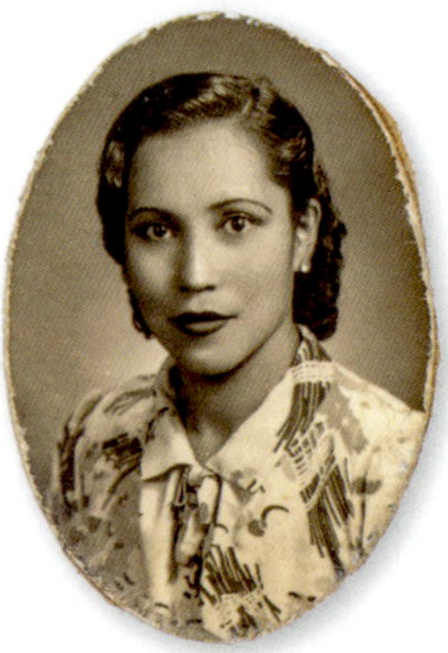
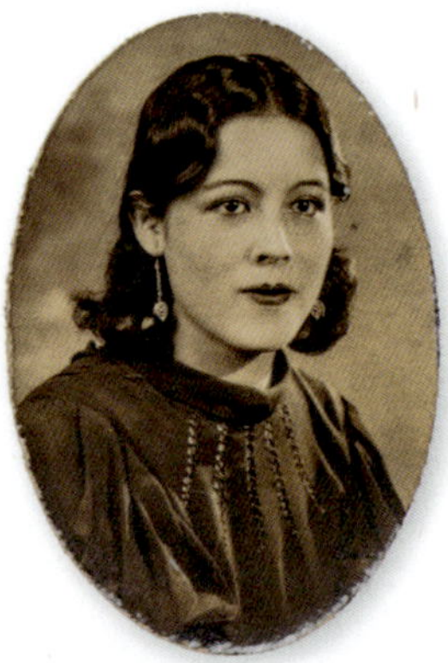
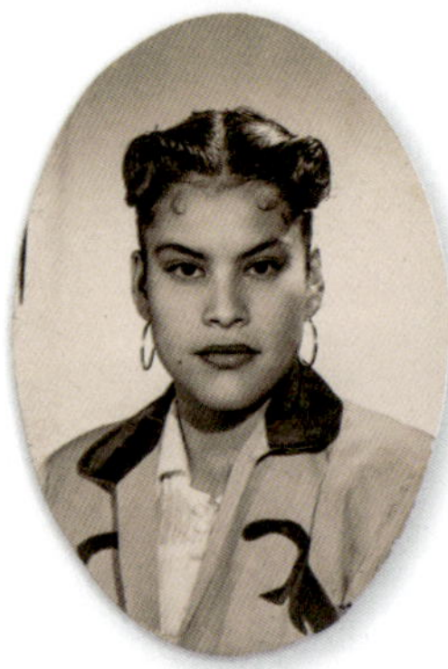

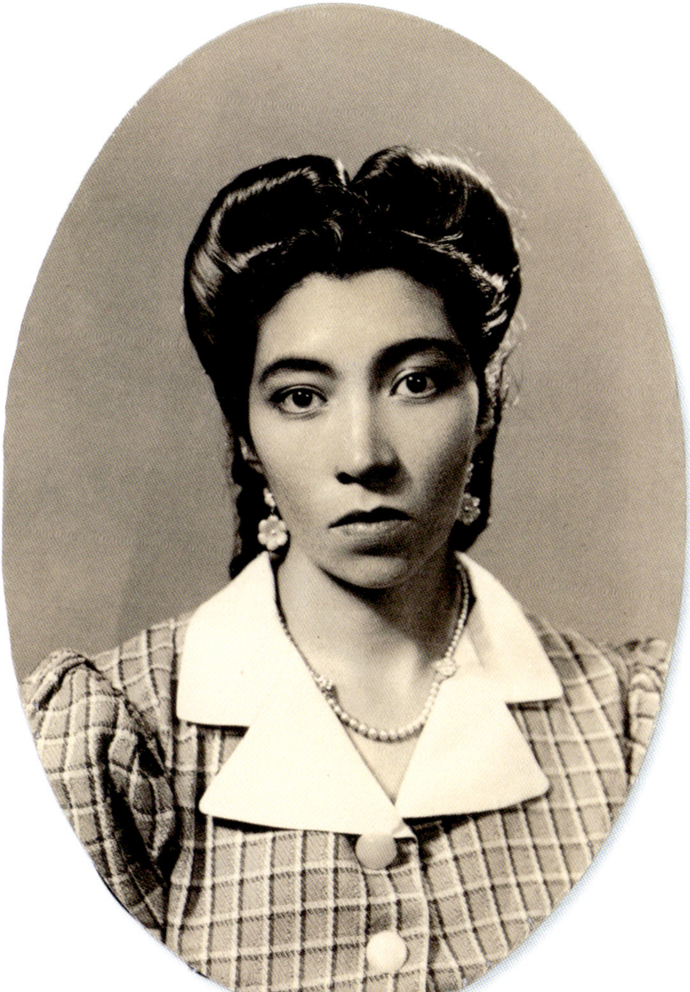

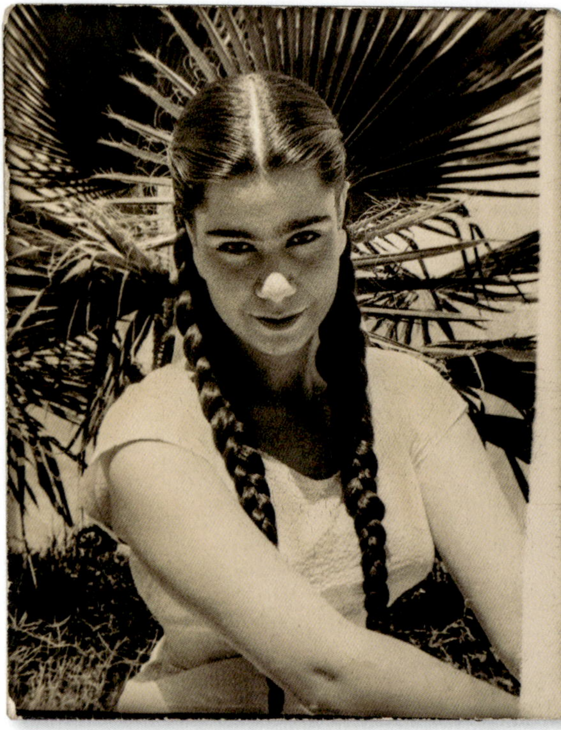

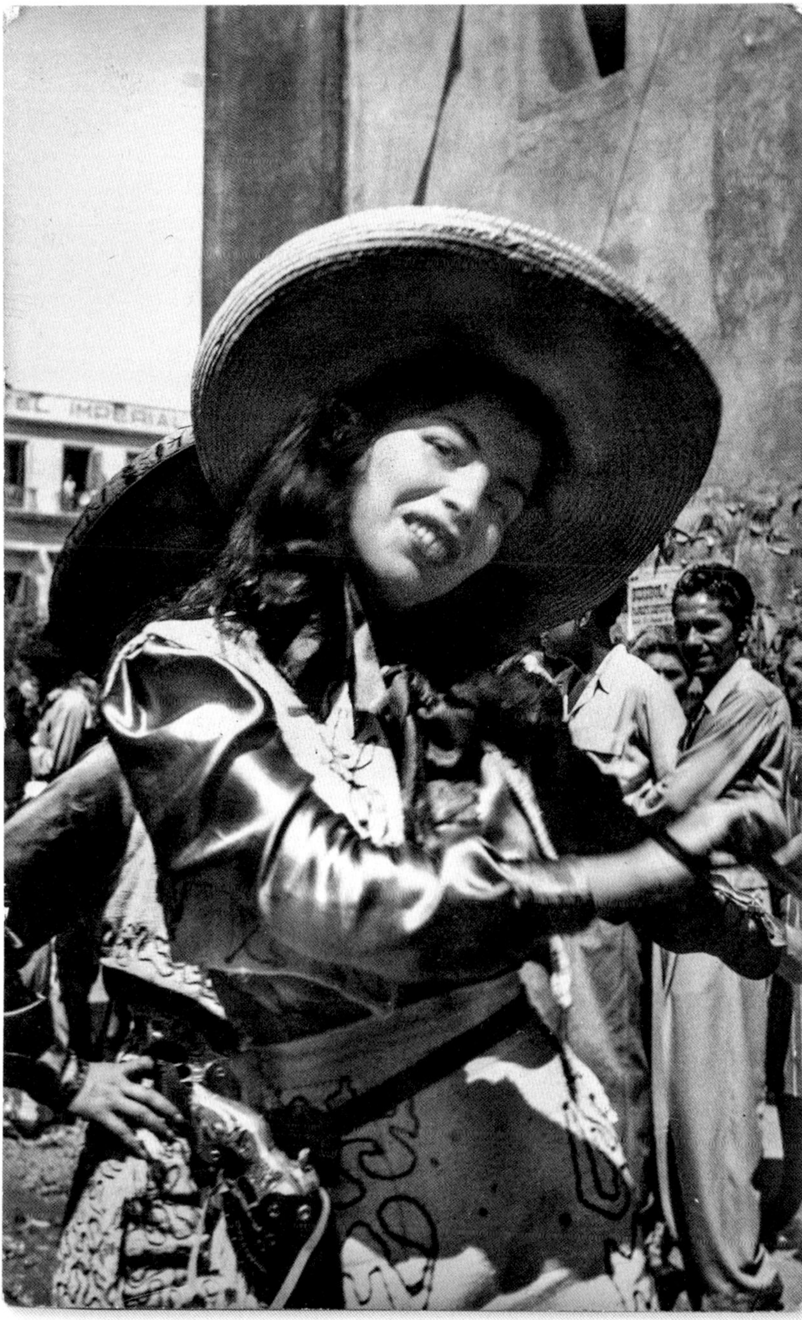

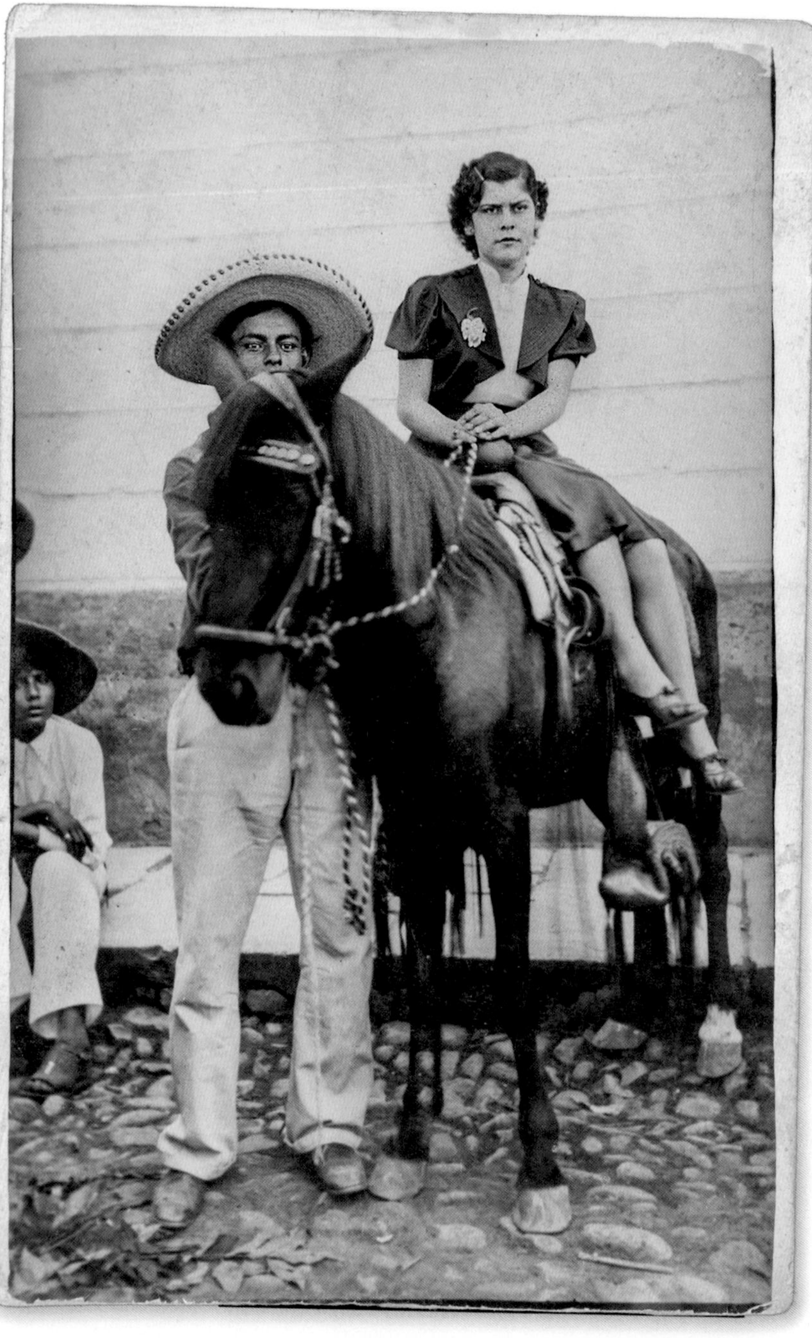

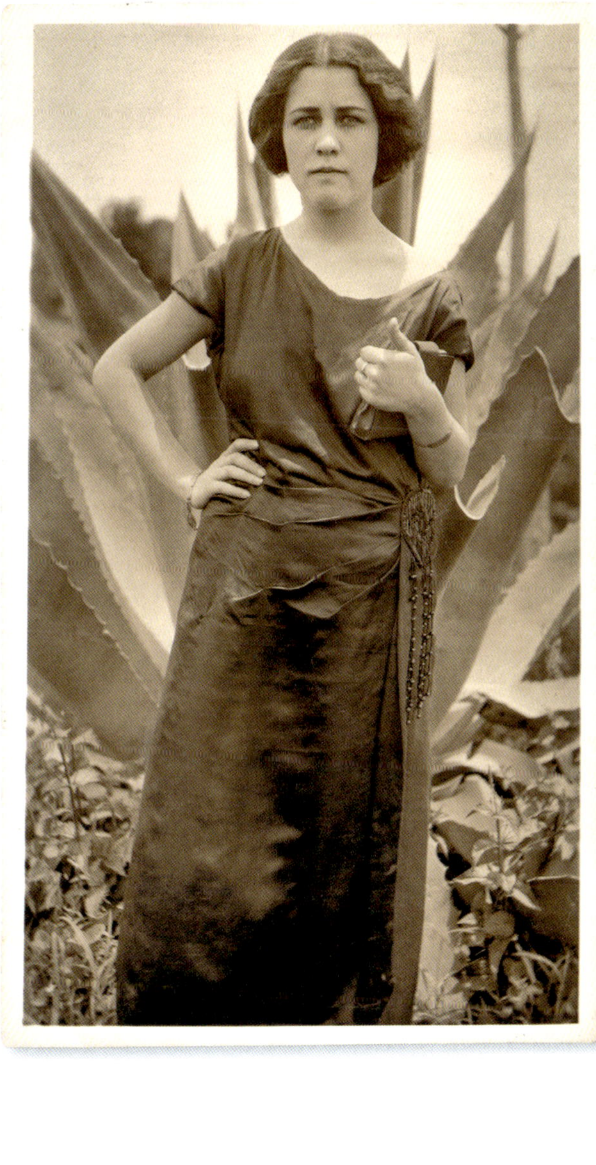

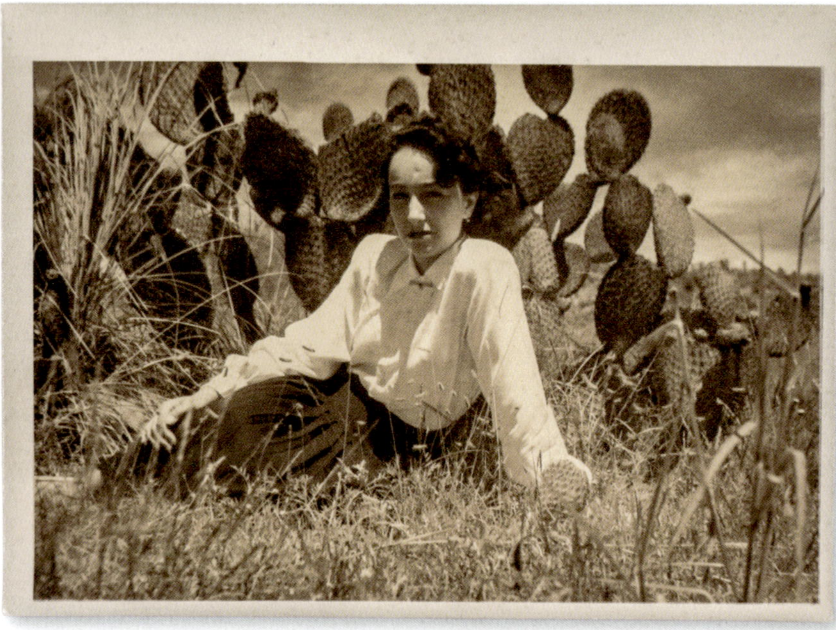

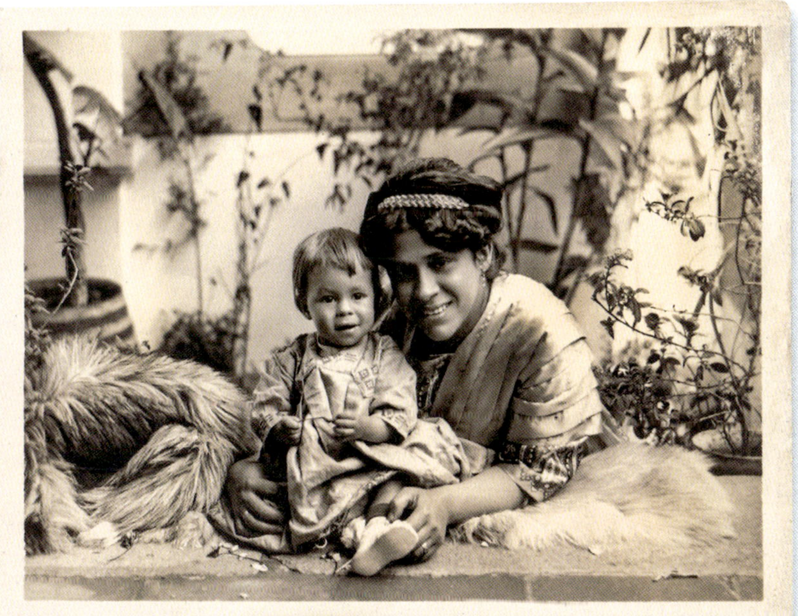

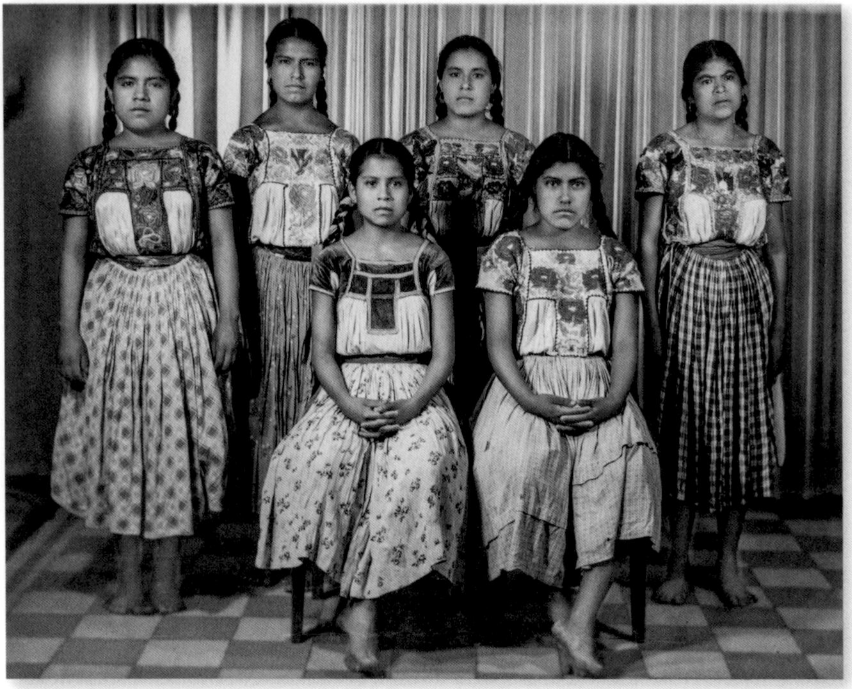

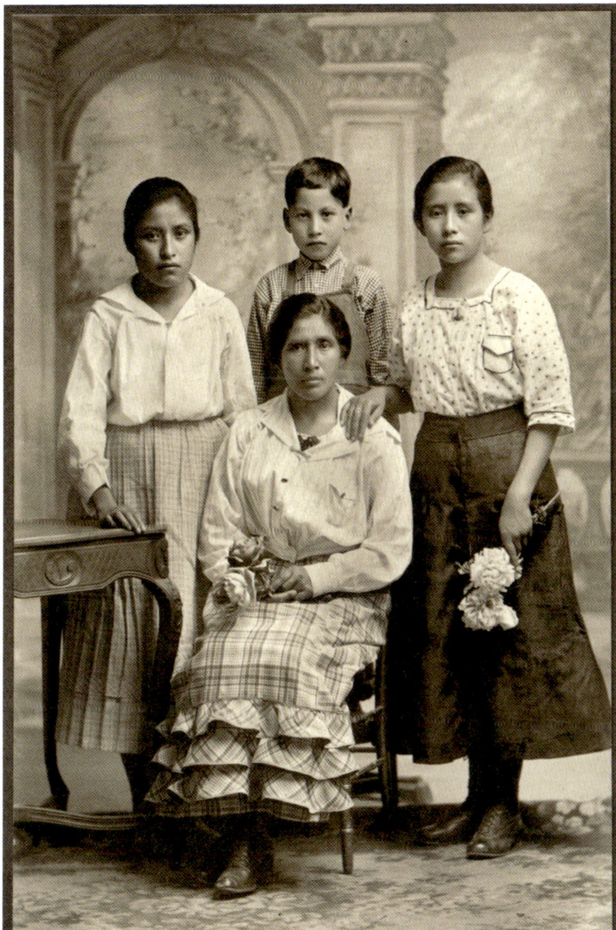

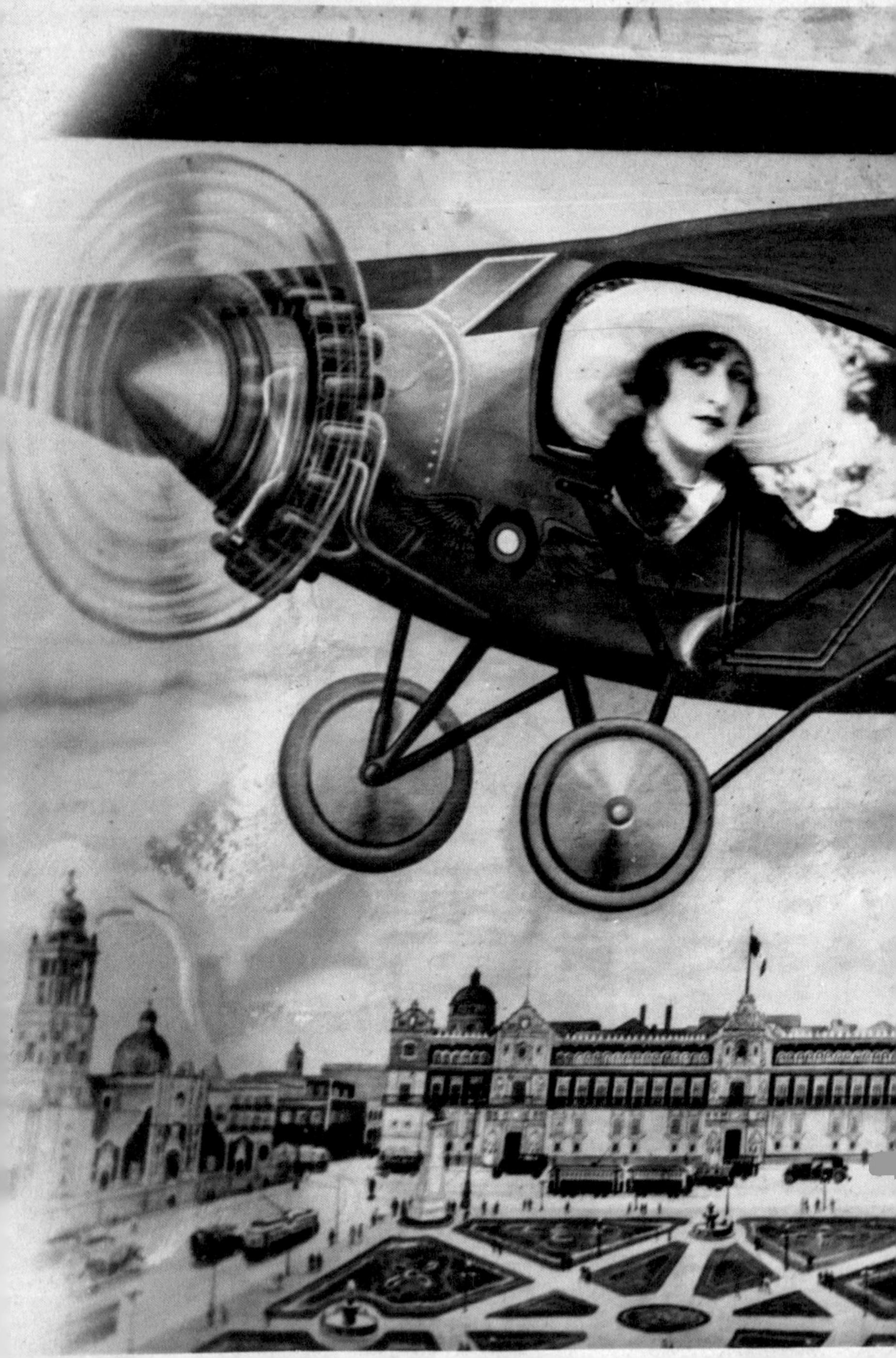

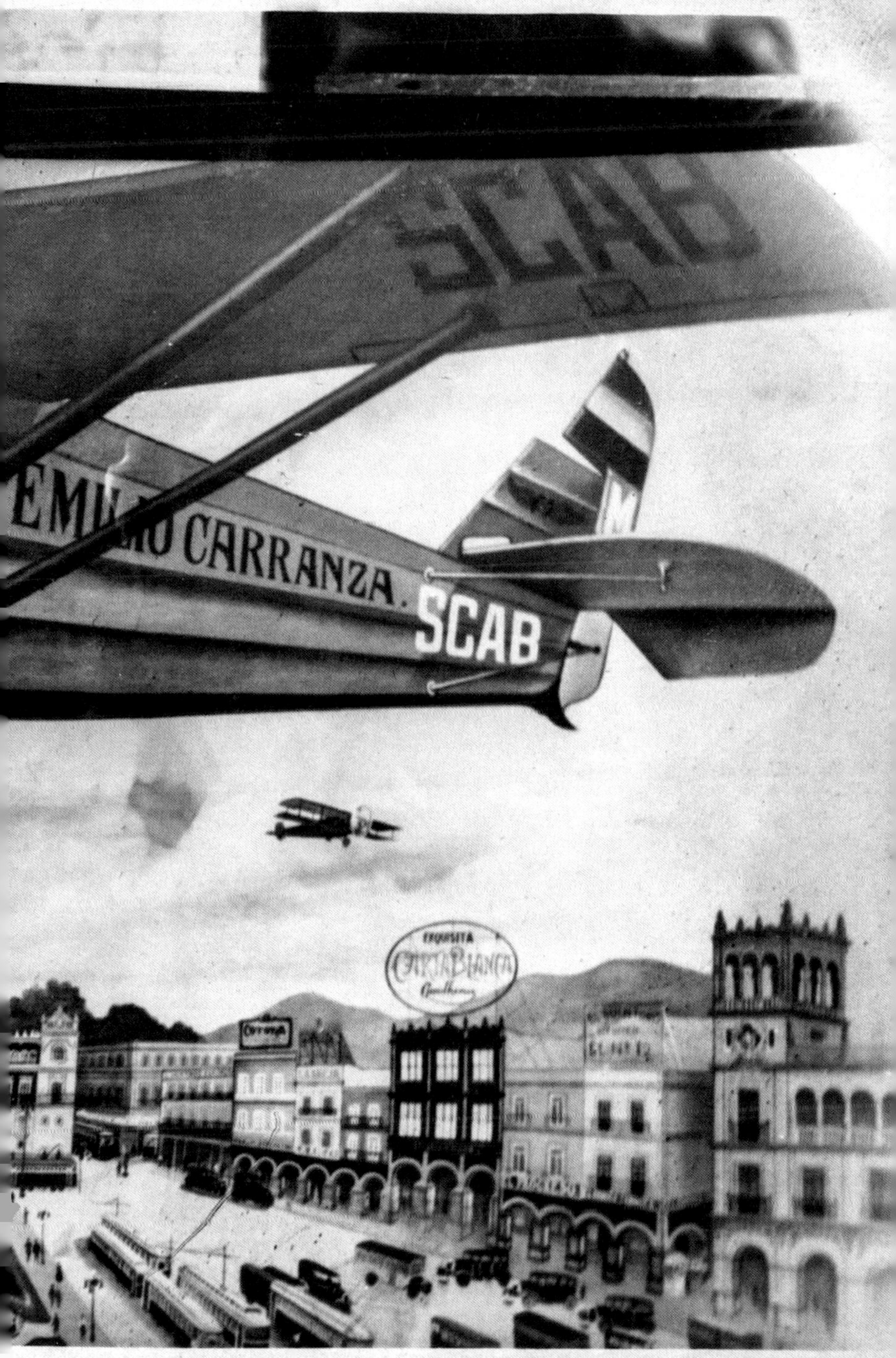
SCAB
CARRANZA.
SCAB
EXQUISITA
CARTA BLANCA

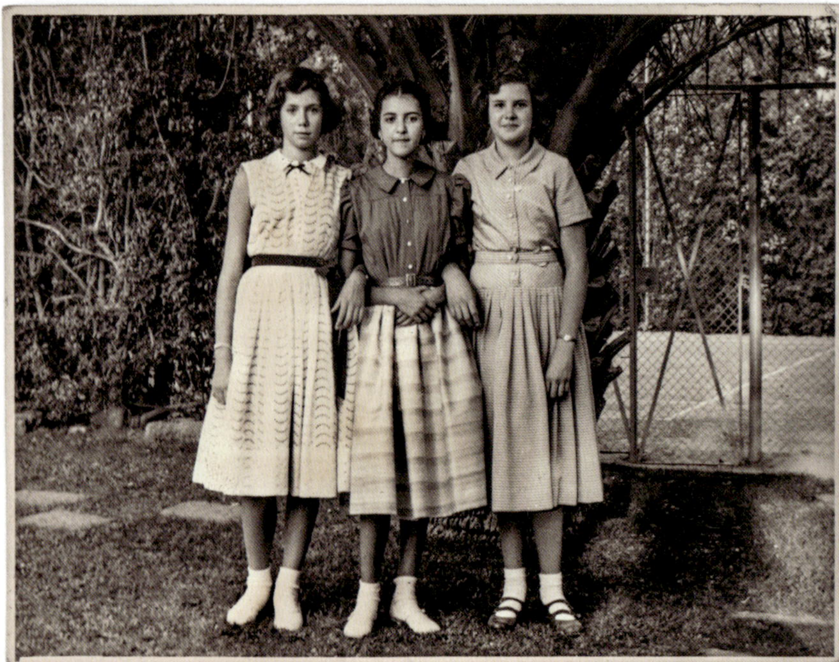

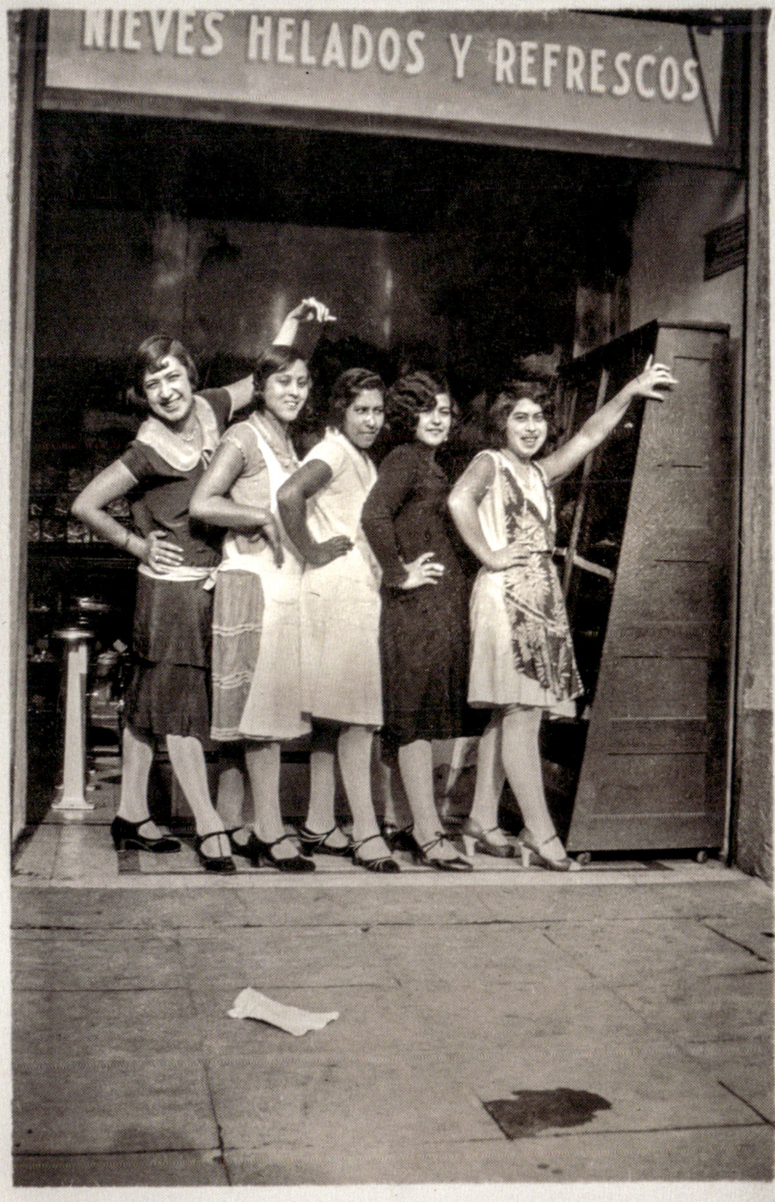
NIEVES HELADOS Y REFRESCOS

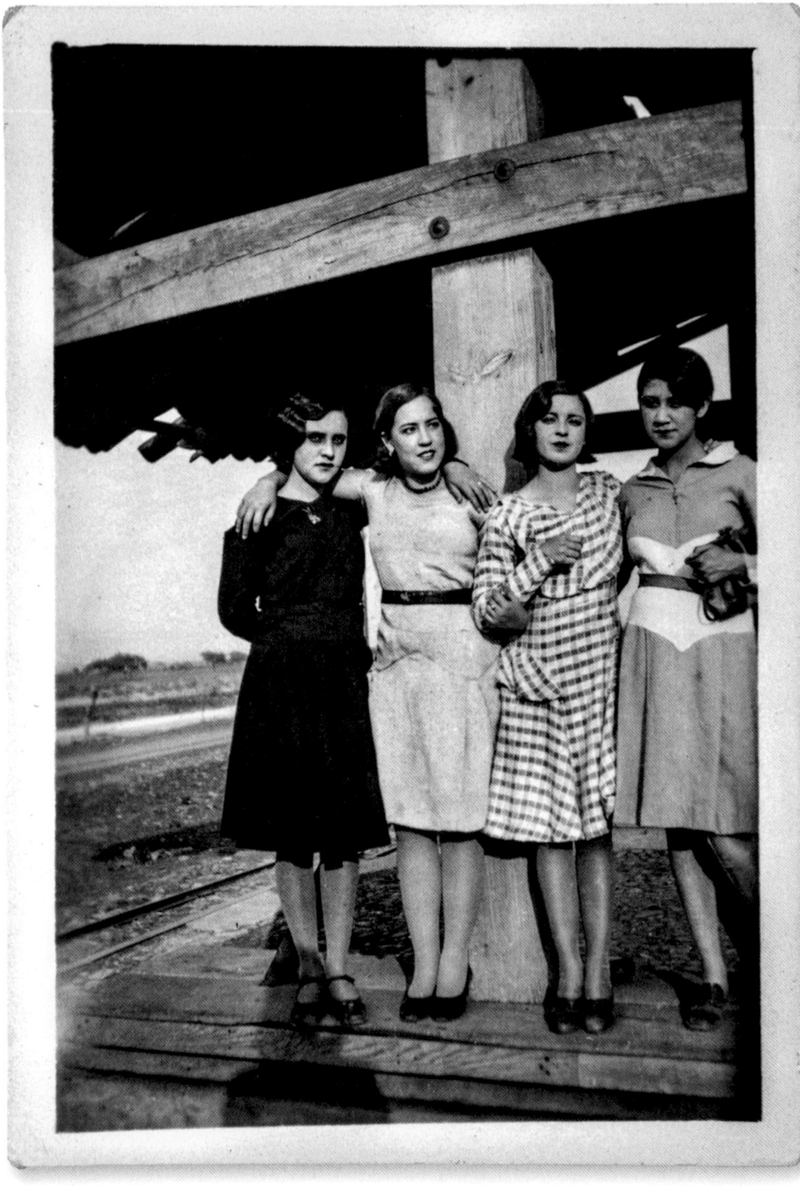

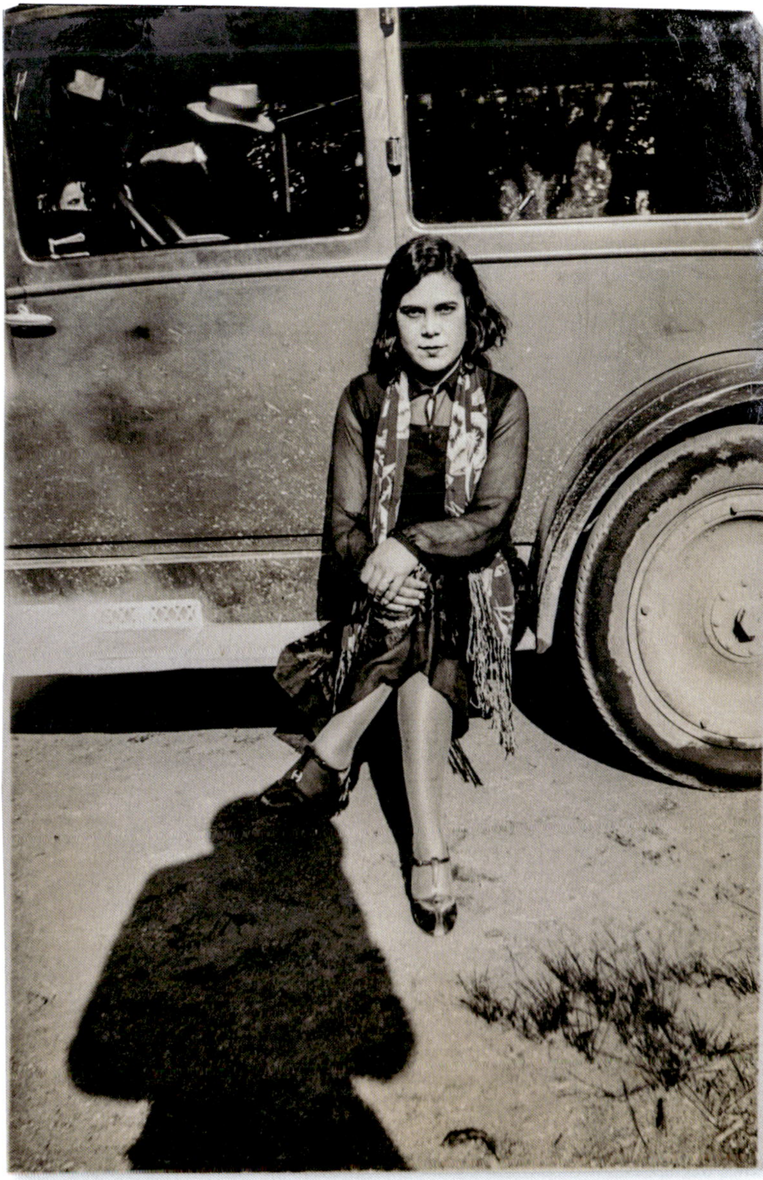

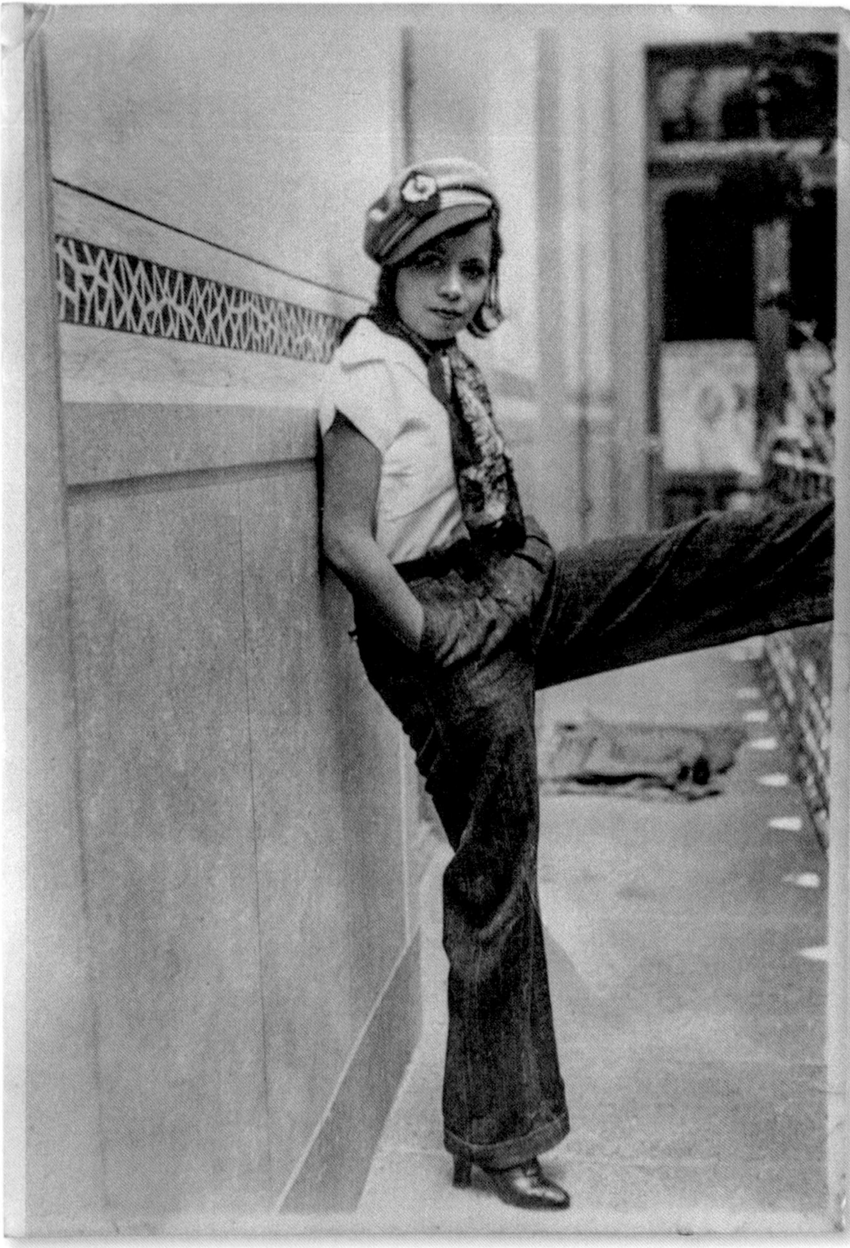

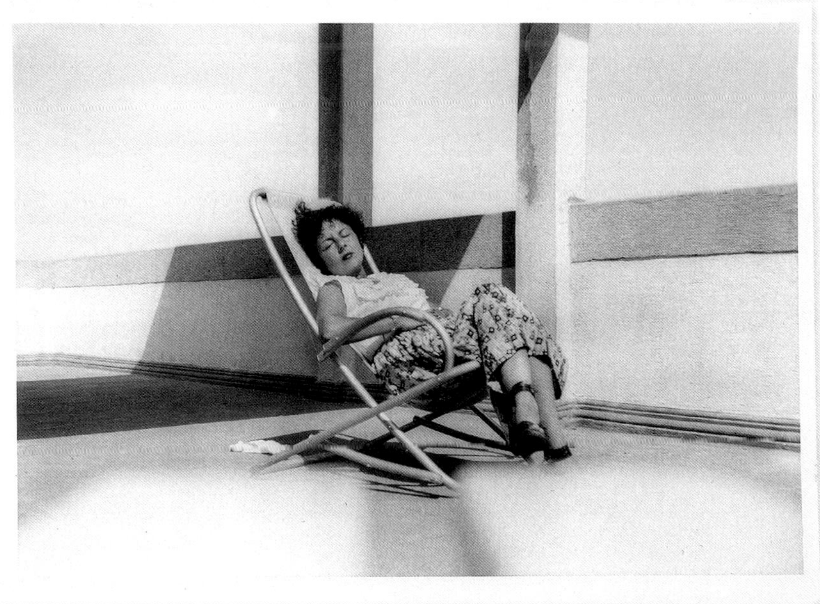

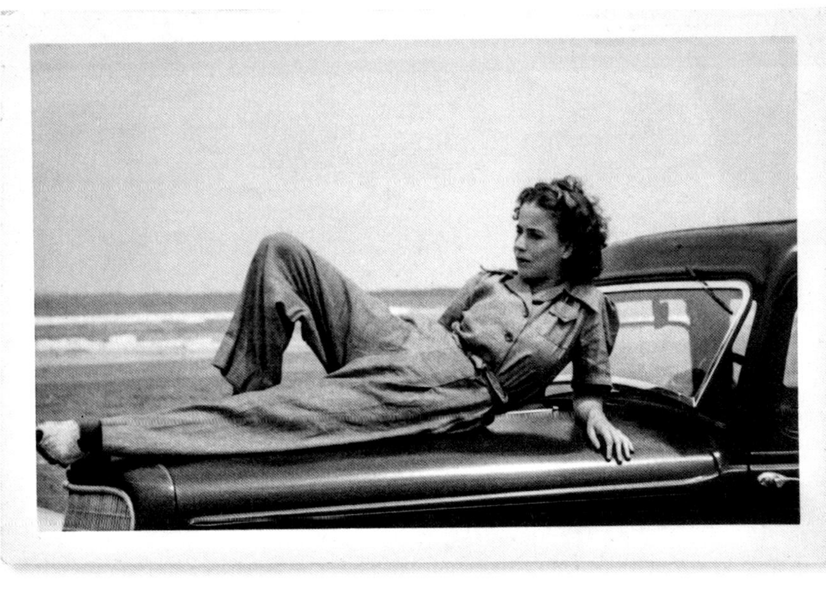

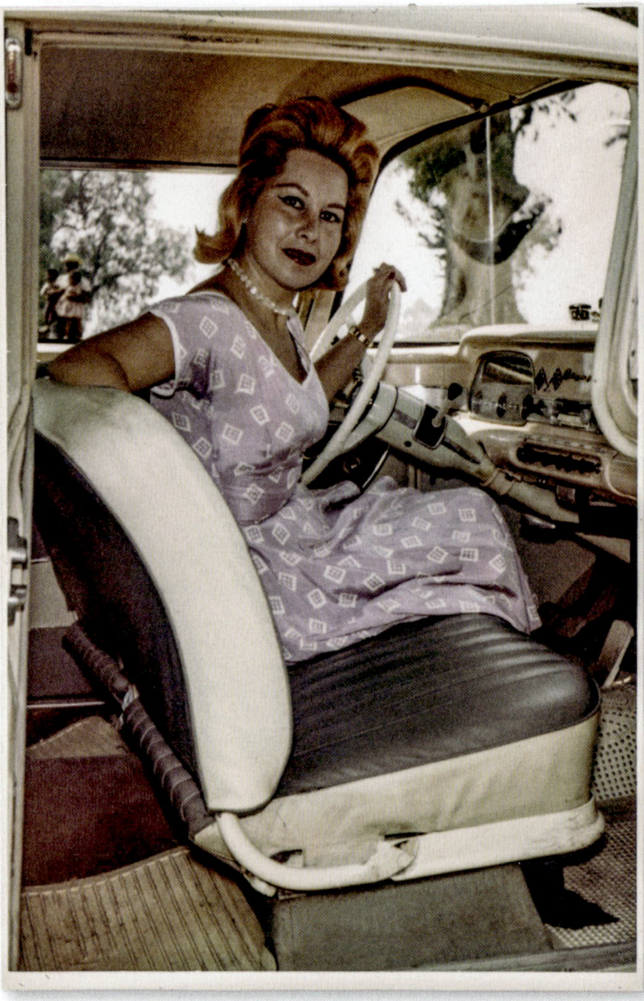

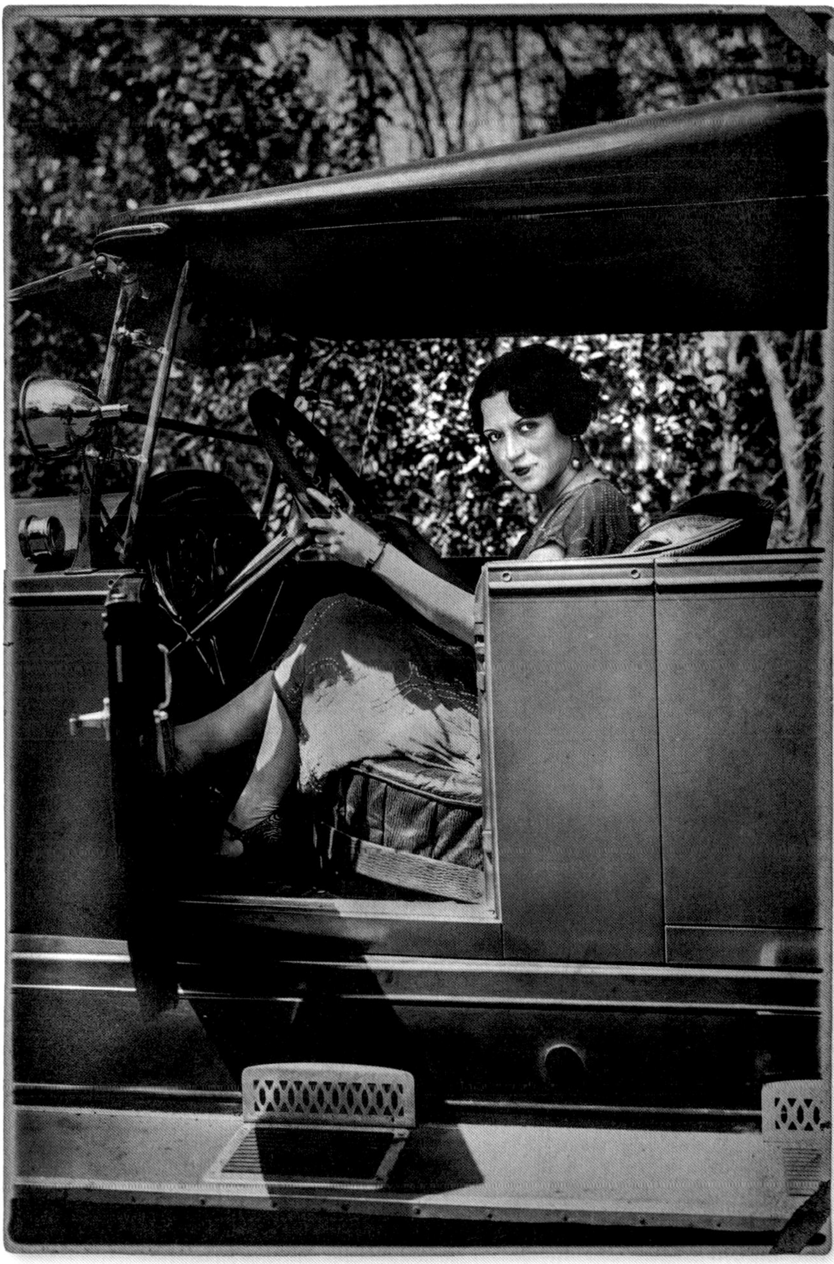

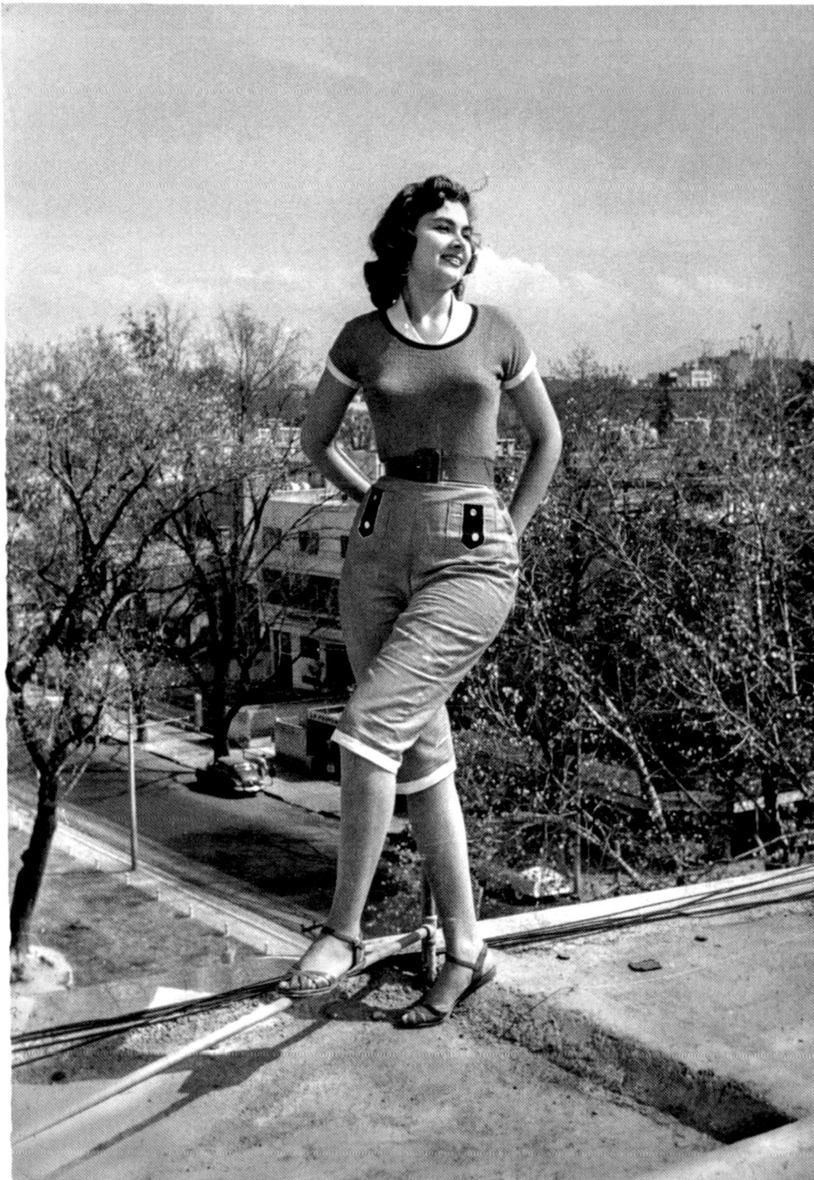

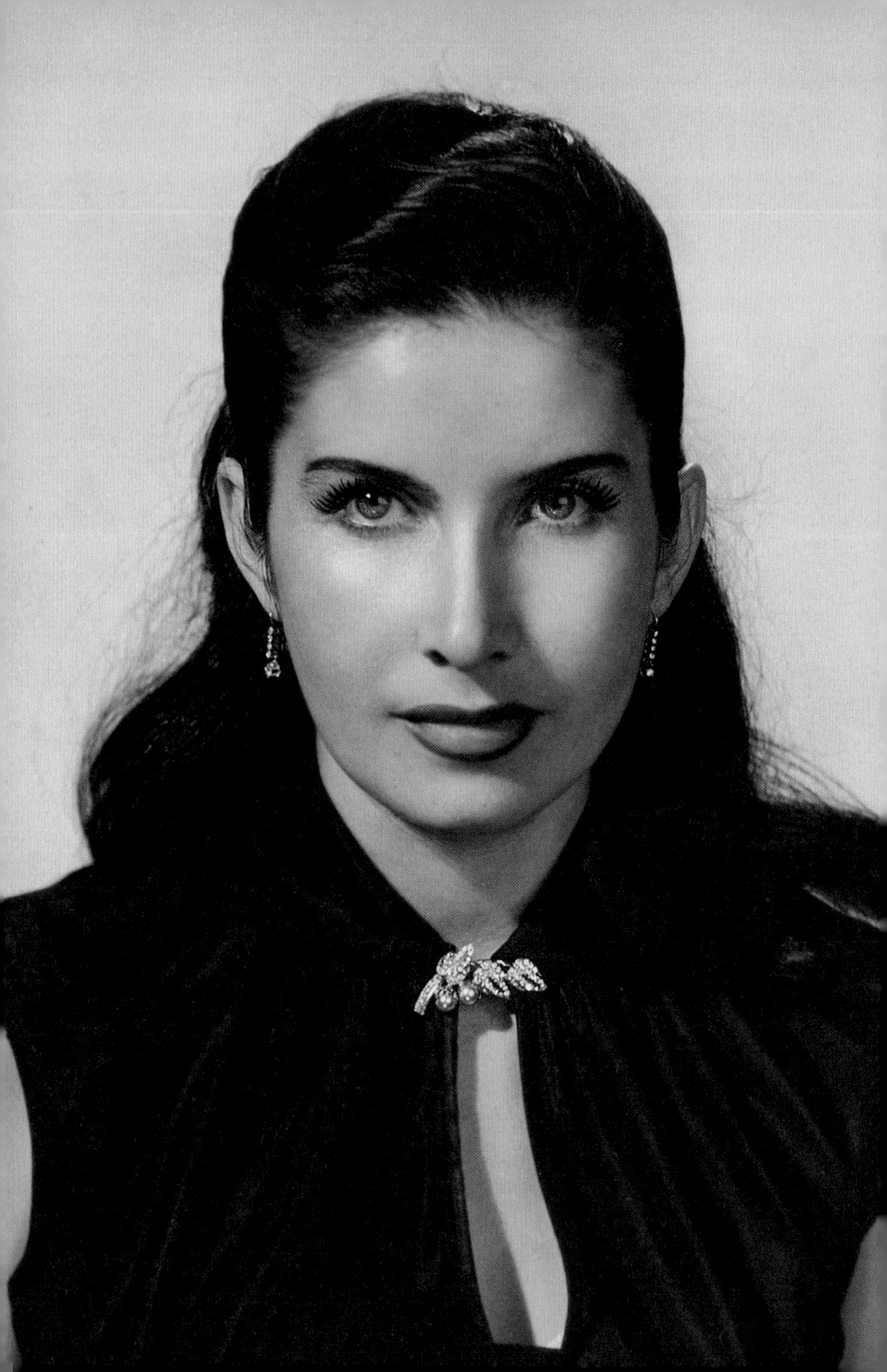

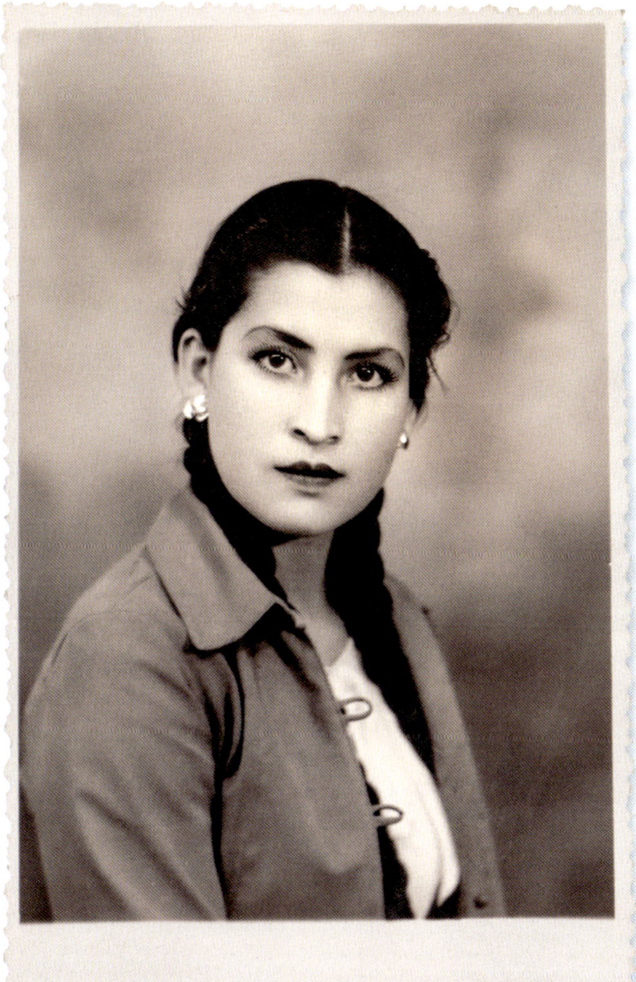

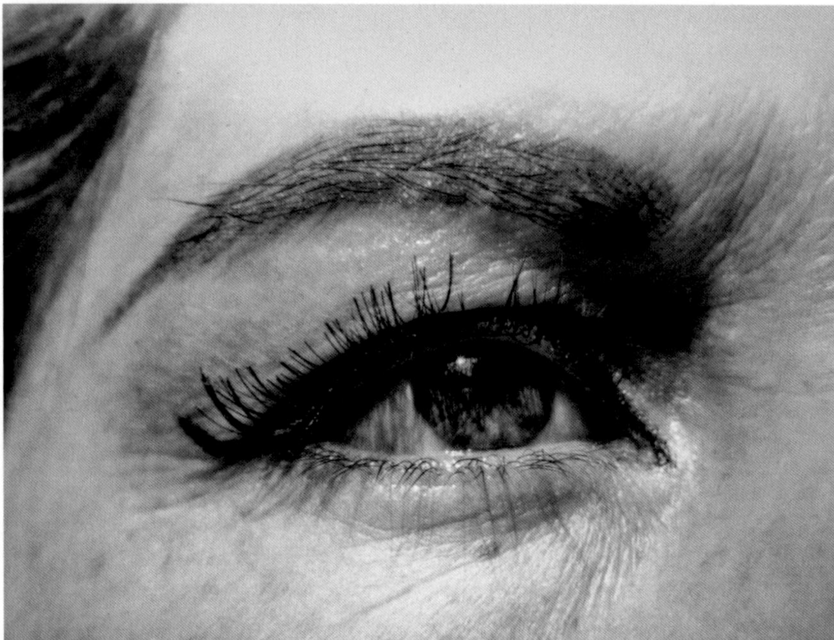

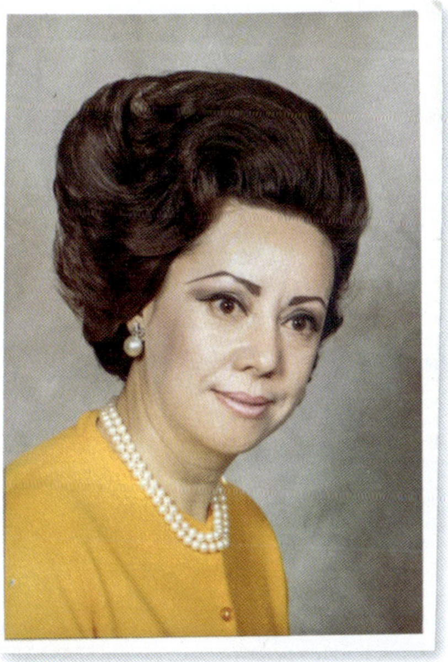
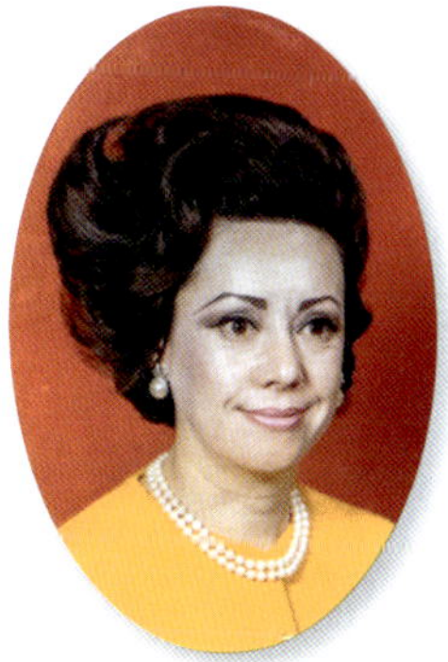
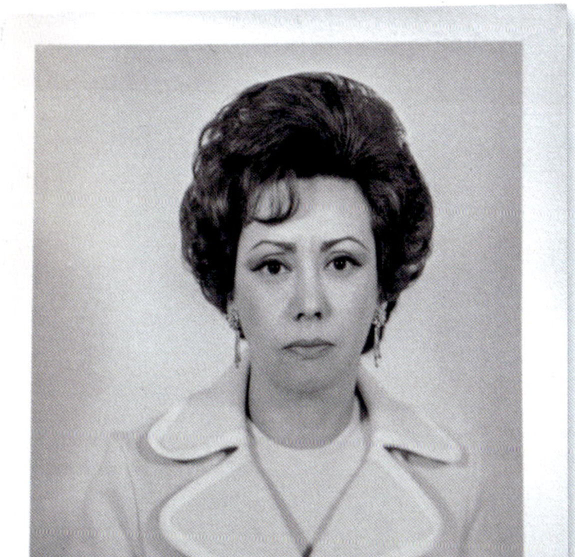

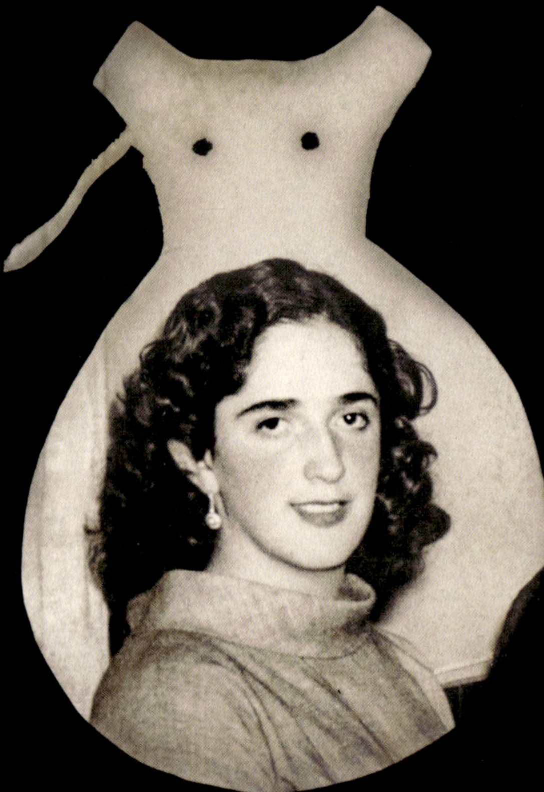

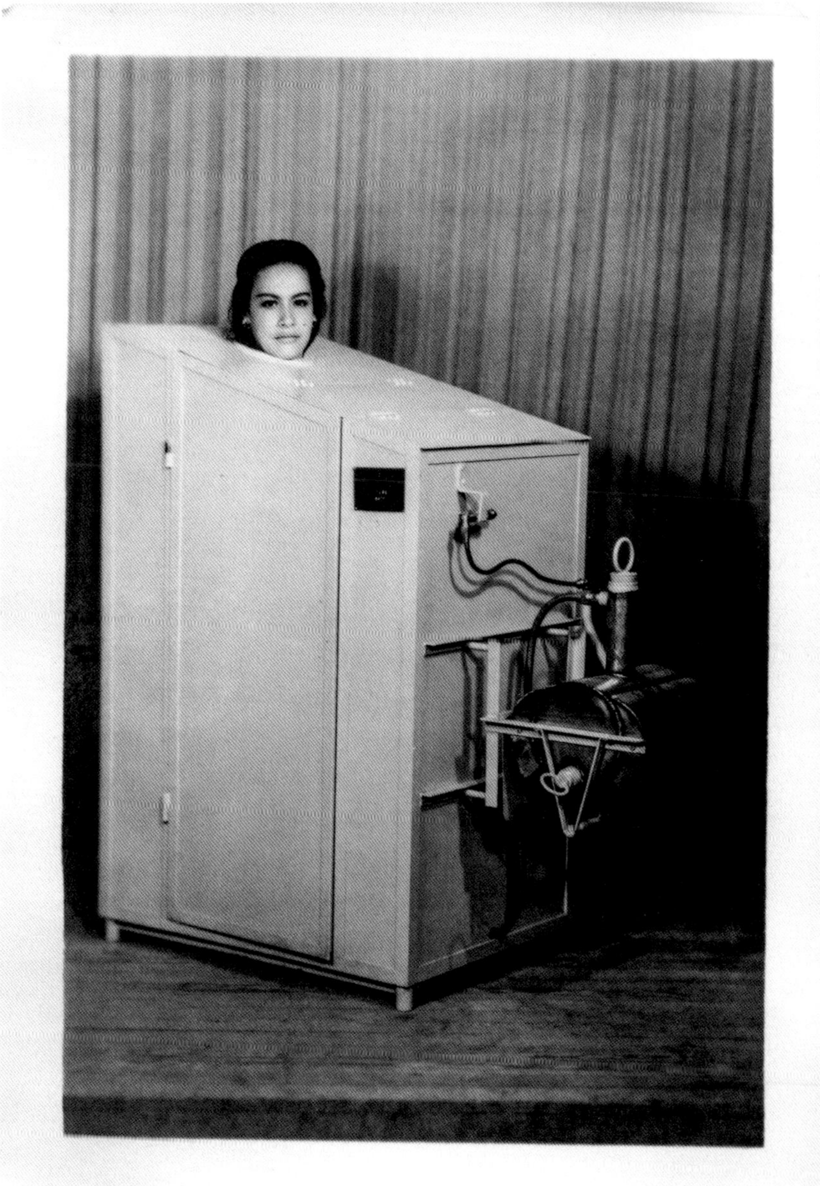

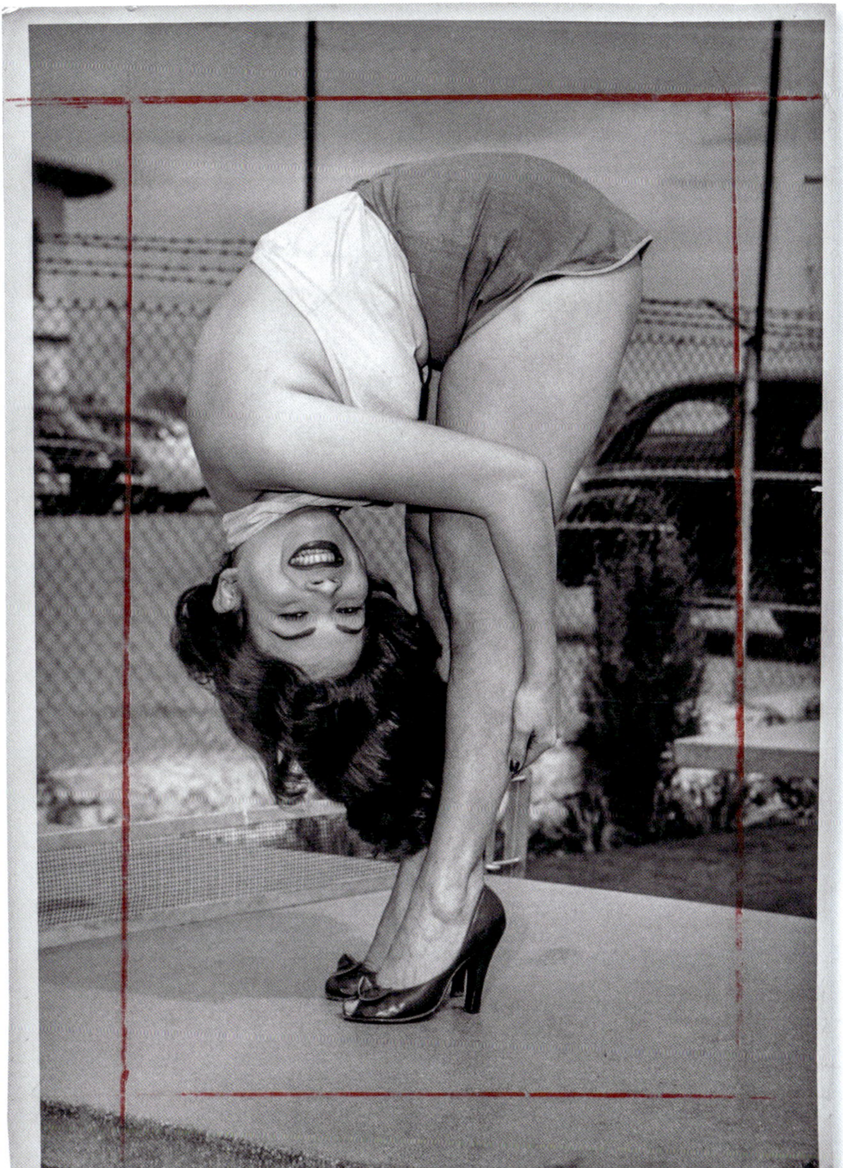

TODA FOTOGRAFÍA INVITA A LA FICCIÓN

«¿Y qué era México para los mexicanos sino un enigma, aun vago fantasma, un monstruo sin nombre?»
– Rosario Castellanos, *Oficio de Tinieblas* (1962)

I

¿Qué es México sin las mujeres que han nacido en ese territorio? ¿Qué sería de ese país sin muchas de ellas, que han parido el concepto maniqueísta de una patria que ha tenido que vivir bajo el cielo, en el que cada persona parece estar destinada a ser un soldado? Agota Kristof ya decía, en su novela *El gran cuaderno* (1987), que las mujeres son las que se hacen cargo de las guerras:

"¿Que no hemos visto nada? ¡Imbécil! Nosotras hacemos todo el trabajo, tenemos todas las preocupaciones: alimentar a los niños, cuidar a los heridos... Vosotros, una vez acaba la guerra, sois todos unos héroes. Muertos: héroes. Supervivientes: héroes. Mutilados: héroes. Y por eso habéis inventado la guerra vosotros, los hombres. Es vuestra guerra. Vosotros la habéis querido, ¡Hacedla pues, héroes de mierda!"[1]

Y la guerra no es sino la expresión más paradigmática de la condición humana, de las luchas de poder por la supervivencia, pero también de la idea de la inmortalidad. Porque será inmortal todo aquel que deje descendencia por encima y a través de los pueblos que domina. Y en este deseo de inmortalidad, México se configura solo; es el sino mismo de su nacimiento: el águila devorando a la serpiente y la serpiente persistiendo en los mitos judeocristianos hasta nuestros días. Ante la muerte, la sorna; y detrás de la sorna, las mujeres cuidando ese monstruo tan vivo que es México.

II

Y hay algo de obsesivo en el hecho de querer capturar un instante en una imagen, de condensar a una persona mediante el obturador para recrearla frente a nuestros ojos; algo de insistencia en la eternidad que nos han narrado como deseable. La imagen impresa de una persona no es inmortal, pero sí eterna; trasciende el tiempo y el espacio en el que fue tomada y nos devela aquello que solo el tiempo puede mostrar: la asimetría entre ojos y mirada, entre cuerpo y presencia, entre blanco y negro y color. Porque, tal como lo decía el fotógrafo Lázaro Blanco, "más allá del motivo, importaba la luz"[2]. Y, más allá de México, están las mujeres; ante la oscuridad del nacimiento de una nación, está la vida que alumbra y abre camino. Y esa obsesión por persistir, porque estas mujeres persistan, no solo proviene de quienes las fotografiaron, sino de una especie de destino: la fugacidad que quiere ser eterna para ayudarnos a entender el encuadre y la mirada aguda, de dónde venimos y por qué persistimos en el siglo XXI.

III

El artista francoargelino Kader Attia insiste en hacer entender a la sociedad occidental lo equivocada que está al querer reparar y restaurar las cosas. ¿Por qué esa necesidad de cubrir el dolor, de restaurar, borrar las cicatrices y quitar toda evidencia de lo que sucedió? A veces, dejar las heridas abiertas es lo que realmente repara el daño. Y las heridas no tienen que ser aparatosas o pornográficas; basta ver la mirada de las mujeres mexicanas, que -aun con sus mejores ropas, la pose seria y serena, incluso, algunas veces altiva- no pueden esconder que han nacido en México y lo han padecido.

Pero el dolor no es, como nos han hecho creer, aquello que nos hiere e inmoviliza; al contrario, es la alegría, la estabilidad, el derroche lo que nos exige detenernos. ¿Quién no quiere quedarse en donde es feliz? ¿Quién no quiere estar en ese instante inmortal de plenitud? El dolor es, por ende, lo que nos mueve, lo que incomoda, lo que hace que busquemos cambiar de posición, de lugar, de postura. El dolor, la herida abierta, expuesta ante los ojos del mundo, es lo que nos avergüenza y exige autocrítica. Así es México: la pus que supura y que no nos deja en paz; que batalla, que hiede y que trata de esconderse tras los rostros pávidos de quienes están luchando. Si todos tuviéramos como destino ser felices, ¿entonces para qué todo esto que nos palpita y nos corre por la sangre?

IV

Uno de los sectores feministas actuales ha comenzado a tomar como bandera la idea de que las mujeres que lo conforman son las nietas de las brujas que en su momento quisieron quemar. Desde los diversos movimientos latinoamericanos, les hemos respondido que es mentira; si tenemos que apelar a la verdad, ellas son las nietas de quienes quemaron a las brujas y asesinaron a las mujeres indígenas y africanas que habitaban México. Si ellas son las nietas del poder, ¿quienes son estas mujeres mexicanas que han sido eternizadas mediante sus fotografías? ¿Son las bisabuelas y las abuelas de las más de diez mujeres asesinadas al día? ¿Son las mujeres que dieron su vida por salvaguardar a las familias que hoy salen a buscar a sus hijos e hijas desaparecidas? ¿Qué futuro y qué destino tienen estas mexicanas y cómo es que nosotras podemos reflejarnos en ellas? ¿Son las que esclavizaron a las mujeres indígenas para poder entrar dentro del espacio público? ¿Esto somos las mexicanas? Me niego a aceptar que existe una sola verdad.

V

Todo es ficción. Incluso las narrativas del Estado nación han sido un invento creado por la humanidad. Las fotografías son ficciones: la luz, el encuadre, el contexto, el color, los collares, lo vestidos. Nos *performamos* y actuamos frente a la mirada ajena. Sin embargo, no podemos ocultar lo que somos; por eso es que nos hemos empeñado en este siglo XXI en fotografiarnos tantas veces como sea necesario, para borrarnos de nosotras mismas. Mientras más nos vemos en poses ridículas y estáticas, casi inertes, casi inmortales, más nos desconocemos y nos volvemos un misterio para nosotras mismas. ¿Quiénes somos en realidad y cómo es que las mexicanas del siglo XXI se relacionan con estas mujeres vernáculas, que no saben que las miramos desde nuestra postura "modernita", en la que creemos que todo lo sabemos y podemos responder? Todo es ficción y cada una de las mujeres fotografiadas es una historia que fue y que, por lo tanto, está por inventarse. Invito a *ficcionar*, porque la imaginación es lo único que nos queda en esta guerra llamada México.

FOOTNOTES / NOTAS A PIE DE PÁGINA

1. Excerpt taken from the e-book, Kindle version.

2. Baena, Erick, *Lecciones de Lázaro Blanco [Lessons from Lázaro Blanco]*, Plotpoint.com.mx, March 22, 2016. http://www.plotpoint.com.mx/peripecias/lecciones-de-lazaro-blanco

1. Pasaje tomado del libro electrónico, versión Kindle.

2. Baena, Erick, Lecciones de Lázaro Blanco, Plotpoint.com.mx, 22 de marzo de 2016. http://www.plotpoint.com.mx/peripecias/lecciones-de-lazaro-blanco

Las Mexicanas

FIRST EDITION / PRIMERA EDICIÓN

TEXT / TEXTO: © Brenda Navarro
EDITING & LAYOUT / EDICIÓN Y PUESTA EN PÁGINA: Pablo Ortiz Monasterio
CREATIVE DIRECTION / DIRECCIÓN CREATIVA: Pablo Ortiz Monasterio, Ramón Reverté
EDITORIAL DIRECTION / DIRECCIÓN EDITORIAL: Mara Garbuno
DESIGN / DISEÑO: Feriche Black
COPY EDITING & TRANSLATION / CORRECCIÓN DE ESTILO Y TRADUCCIÓN:
The Pillow Books
PREPRESS / PREPRENSA: Brizzolis

PHOTOGRAPHIES / FOTOGRAFÍAS: Colección Ramón Reverté

C/Loreto 13-15 Local B. 08029, Barcelona, España

EDITORIAL RM, S.A. DE C.V.
info@editorialrm.com / www.editorialrm.com

ISBN RM VERLAG: 978-84-19233-36-3
LEGAL DEPOSIT / DEPÓSITO LEGAL: B 17110-2023

RM #463

PRINTED IN SPAIN BY / IMPRESO EN ESPAÑA POR BRIZZOLIS
OCTOBER / OCTUBRE 2023

Lectura infinita
#pactoporlalectura

MINISTERIO DE CULTURA Y DEPORTE | DIRECCIÓN GENERAL DEL LIBRO, DEL CÓMIC Y DE LA LECTURA

This work has received an editing grant from the Ministry of Culture and Sports.
Esta obra ha recibido una ayuda a la edición del Ministerio de Cultura y Deporte.